Comunicação integrada de marketing

COLEÇÃO PRÁTICAS DE GESTÃO

Série
Marketing

Comunicação integrada de marketing

João Felipe Rammelt Sauerbronn

Copyright © 2014 João Felipe Rammelt Sauerbronn

Direitos desta edição reservados à
Editora FGV
Rua Jornalista Orlando Dantas, 37
22231-010 | Rio de Janeiro, RJ | Brasil
Tels.: 0800-021-7777 | 21-3799-4427
Fax: 21-3799-4430
editora@fgv.br | pedidoseditora@fgv.br
www.fgv.br/editora

Impresso no Brasil | *Printed in Brazil*

Todos os direitos reservados. A reprodução não autorizada desta publicação, no todo ou em parte, constitui violação do copyright (Lei nº 9.610/98).

Os conceitos emitidos neste livro são de inteira responsabilidade do(s) autor(es).

Preparação de originais: Sandra Frank
Projeto gráfico: Flavio Peralta / Estudio O.L.M.
Diagramação: Ilustrarte Design e Produção Editorial
Revisão: Aleidis Beltran e Fernanda Mello
Capa: aspecto:design
Imagem da capa: © Andres Rodriguez | Dreamstime.com

Ficha catalográfica elaborada pela
Biblioteca Mario Henrique Simonsen/FGV

Sauerbronn, João Felipe Rammelt
　　Comunicação integrada de marketing / João Felipe Rammelt Sauerbronn. – Rio de Janeiro: Editora FGV, 2014.
　　84 p. – (Coleção Práticas de gestão)

　　Inclui bibliografia.
　　ISBN: 978-85-225-1466-3

　　1. Comunicação em marketing. 2. Marketing direto. 3. Propaganda. I. Torres, Alexandre Pavan. II Fundação Getulio Vargas. III. FGV Online. IV. Título

CDD – 658.8

Sumário

Apresentação 7

Capítulo 1 . Processo de comunicação no marketing 9
   Introdução 9
   Conceitos fundamentais de comunicação no marketing 10
   O processo de comunicação. 11

Capítulo 2 . Os públicos de marketing da organização. 25
   Conceitos fundamentais de marketing 25
   Públicos de marketing 27
   Configuração dos públicos de marketing. 44

Capítulo 3 . Ferramentas de comunicação de marketing 47
   Propaganda. 47
   Promoção de vendas 53
   Venda pessoal 58
   Relações públicas 59
   Marketing direto. 62

Capítulo 4 . Comunicação integrada e objetivos de marketing 65
   Introdução 65
   O plano de comunicação integrada de marketing 67
   Públicos e objetivos de comunicação de marketing. 67
   O orçamento de comunicação 70

Bibliografia 79

Sobre o autor 81

Apresentação

A Fundação Getulio Vargas (FGV) foi fundada em 1944 com o objetivo de contribuir para o desenvolvimento do Brasil, por meio da criação e da difusão de técnicas e ferramentas de gestão. Em sintonia com esse objetivo, em 1952 a FGV, comprometida com a mudança nos padrões administrativos do setor público, criou a Escola Brasileira de Administração Pública (Ebap). Em seus mais de 60 anos de atuação, a Ebap desenvolveu competências também na área de administração de empresas, o que fez com que seu nome mudasse para Escola Brasileira de Administração Pública e de Empresas (Ebape).

A partir de 1990, a FGV se especializou na educação continuada de executivos, consolidando-se como líder no mercado de formação gerencial no país, tanto em termos de qualidade quanto em abrangência geográfica dos serviços prestados. Ao se fazer presente em mais de 100 cidades no Brasil, por meio do Instituto de Desenvolvimento Educacional (IDE), a FGV se tornou um relevante canal de difusão de conhecimentos, com papel marcante no desenvolvimento nacional.

Nesse contexto, a Ebape, centro de excelência na produção de conhecimentos na área de administração, em parceria com o programa de educação a distância da FGV (FGV Online) tem possibilitado que o conhecimento chegue aos mais distantes lugares, atendendo à sociedade, a executivos e a empreendedores, assim como a universidades corporativas, com projetos que envolvem diversas soluções de educação para essa modalidade de ensino, de *e-learning* à TV via satélite.

A Ebape, em 2007, inovou mais uma vez ao ofertar o primeiro curso de graduação a distância da FGV, o Curso Superior em Tecnologia em Processos Gerenciais, o qual, em 2011, obteve o selo CEL (teChnology-Enhanced Learning Accreditation) da European Foundation for Management Development (EFMD), certificação internacional baseada em uma série de indicadores de qualidade. Hoje, esse é o único curso de graduação a distância no mundo a ter sido certificado pela EFMD-CEL. Em 2012, o portfólio de cursos Superiores de Tecnologia a distância diplomados pela Ebape aumentou significativamente, incluindo áreas como gestão comercial, gestão financeira, gestão pública e marketing.

Cientes da relevância dos materiais e dos recursos multimídia para esses cursos, a Ebape e o FGV Online desenvolveram os livros que compõem a Coleção Práticas de Gestão com o objetivo de oferecer ao estudante – e a outros possíveis leitores – conteúdos de qualidade na área de administração. A coleção foi elaborada com a consciência de que seus volumes ajudarão o leitor a responder, com mais segurança, às mudanças tecnológicas e sociais de nosso tempo, bem como às suas necessidades e expectativas profissionais.

Flavio Carvalho de Vasconcelos
Ebape/FGV
Diretor

www.fgv.br/ebape

Capítulo 1

Processo de comunicação no marketing

Introdução

Imagine-se a seguinte situação:

Um novo alimento, com baixa quantidade de calorias e excelente sabor, é produzido e posto à venda em pontos frequentados por consumidores que procuram comida saborosa, preocupam-se com a forma física e não querem ganhar peso. Parece uma ação perfeita, mas, apesar de a embalagem estar exposta na prateleira à vista de todos, poucos a percebem. Todo o esforço de marketing da empresa, desde o desenvolvimento do produto até sua oferta no mercado, é posto por água abaixo. Como resultado, a empresa passa por dificuldades e, depois de pouco tempo, encerra suas atividades.

O que deu errado? O produto era bom, atendia às necessidades dos clientes, estava disponível para eles e seu preço não era superior aos preços de seus concorrentes. Em que errou o gerente?

Não é difícil perceber que, nesse caso, o problema está relacionado à incapacidade da empresa de se comunicar com seus clientes. Disponibilizar o produto que atende às necessidades de clientes é uma condição necessária, mas não suficiente para o sucesso da empresa. É necessário que a gerência de marketing perceba a importância das ações de comunicação externa.

O alimento saboroso e pouco calórico, então, foi relançado no mercado, mas desta vez com uma intensa campanha promocional. Os clientes interessados dirigiram-se ao supermercado mais próximo e perguntaram pelo produto. Poucos no estabelecimento o conheciam, e ninguém sabia em que medida aquele produto se diferenciava dos outros que o supermercado vendia. Sabe-se que, em um supermercado, a lógica de atendimento é baseada em autosserviço, ou seja, o próprio cliente dirige-se ao local onde o produto está exposto, escolhe o que vai levar e dirige-se ao caixa para efetuar o pagamento. Poucos supermercados realizam ações de treinamento de pessoal focadas especificamente em categorias de produtos ou contam com funcionários especializados. Além disso, o supermercado quer vender *todos* os produtos de que dispõe em suas prateleiras, não apenas uma marca específica. Por causa disso, seus esforços de vendas não

serão direcionados, como não o serão suas ações de comunicação, a não ser que haja algum esforço conjunto, geralmente orientado pelo produtor.

Mais uma vez, havia um problema de comunicação. No primeiro caso, os consumidores não haviam sido alvo de ações promocionais, enquanto, no segundo, os pontos de venda não tinham sido informados a respeito do produto.

Conceitos fundamentais de comunicação no marketing

Comunicação é uma atividade constante e ininterrupta entre dois ou mais indivíduos que, por meio de símbolos (ou códigos), em um processo formal ou não, procuram influenciar pensamentos, palavras, ações e omissões um(ns) do(s) outro(s). Na empresa, essa atividade influencia o comportamento das pessoas pela transferência de informações – fatos, atos, ideias, valores, cultura, pensamentos, ordens etc. – e pelos ensinamentos – treinamento, integração, desenvolvimento etc. – transmitidos aos empregados.

A comunicação depende de uma linguagem, que é um sistema ou conjunto de sinais convencionais, fonéticos ou visuais utilizados para comunicarem pensamentos e sentimentos entre pessoas. A linguagem é a forma de expressão própria de um indivíduo, grupo ou classe. Comunicar é um ato multilateral utilizado por um indivíduo para se fazer entender ou para tornar algo comum.

Diferentemente da comunicação, a informação é um ato unilateral. A diferença é crucial, mas, muitas vezes, ignorada (figura 1).

FIGURA 1: INFORMAÇÃO × COMUNICAÇÃO

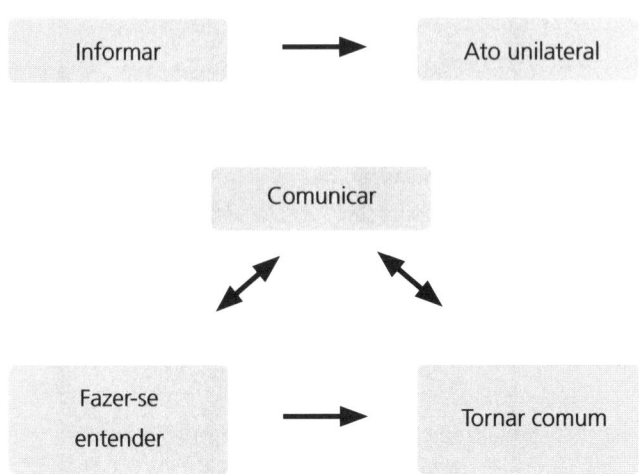

O gestor precisa estabelecer um sistema de comunicação. Dessa forma, é vital para o sucesso do marketing que ele conheça o funcionamento do processo de comunicação. Todas as atividades de uma organização, seja ela empresarial ou não, dependem do inter-relacionamento de seus integrantes, da capacidade de adequação dos processos de comunicação às suas aptidões, tanto pessoais como administrativas, e à forma como a organização se relaciona com seus públicos. Muitos problemas de gestão podem ser solucionados pelo conhecimento das técnicas do processo de comunicação e pela habilidade em sua aplicação, assim como muitos problemas administrativos surgem por conta de falhas na comunicação.

A maior parte do tempo do gestor é despendida no processo de comunicação: transmissão e recepção de informações ou de ordens, participação em reuniões, leitura, escrita, análise, planejamento e controle.

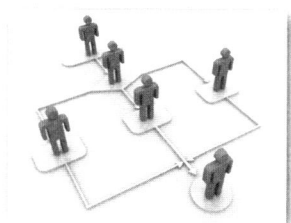

A execução de qualquer trabalho, desde o planejamento até o controle, falhará se o sistema de comunicação falhar.

O processo de comunicação

O processo de comunicação nas organizações abrange um centro de decisão cuja função consiste em receber informações, avaliá-las, tomar decisões, transmitir ordens às demais partes da organização. O gestor deve assegurar que o sistema de comunicações capacite a entidade a:

- lidar com o ambiente (relações estratégicas);
- cuidar de seu funcionamento interno;
- informar-se e tornar-se apta a executar as modificações necessárias ou oportunas.

Portanto, a gerência deve estabelecer padrões de comunicação para fora e para dentro da organização de tal modo que seja possível determinar e estruturar seu funcionamento.

A gestão de uma organização nada mais é do que a gestão do fluxo de informações entre suas partes funcionais e seus públicos.

O processo de comunicação é aquele utilizado pelo emissor para alcançar um receptor. Na organização, esse processo é focado em seus públicos interno e externo; é por meio de processos de comunicação que sua oferta pode ser conhecida e apreciada por parte dos possíveis clientes. Sem a comunicação, a organização não existe.

O processo de comunicação é composto dos elementos que se seguem.

1.	**Emissor ou comunicador**	Fonte, origem, primeiro transmissor da mensagem – pessoa ou equipamento que produz a mensagem e a emite.
2.	**Mensagem**	Objeto da comunicação humana. O conteúdo da mensagem depende das palavras escolhidas e de sua organização na frase, a fim de que possam traduzir com clareza e eficácia o sentido pretendido.

A atmosfera ambiental dá à mensagem dimensões que transcendem seus próprios termos e podem ou não inspirar confiança, credibilidade entre emissor e receptor.

3.	**Receptor**	Destinatário da mensagem. Recebe e capta seu conteúdo – um subordinado, um chefe, um grupo, um público. É ele que condiciona o modo como a comunicação lhe será apresentada pelo emissor, já que ambos, em geral, não têm o mesmo grau de compreensão da língua – conhecimento de vocabulário, familiaridade com determinadas expressões linguísticas.
4.	**Codificação**	Transformação da mensagem para transmissão. O código consiste em uma linguagem especial que permite aos comunicantes a transmissão e a compreensão da mensagem. Cada grupo tem seu próprio código sistematizado. Há ainda os códigos secretos, do conhecimento de um número bem restrito de pessoas.
5.	**Decodificação**	Decifração e compreensão da mensagem. A comunicação só é efetiva quando transmissor e receptor têm a mesma compreensão da mesma realidade.
6.	**Canal**	As mensagens podem ser transmitidas por meio de dispositivos que facilitam não só sua recepção como também sua compreensão. Estes meios pelos quais a mensagem é transmitida podem ser: • naturais: via oral livre, exemplo pessoal, contato pessoal; • tecnológicos: recursos tecnológicos.
7.	**Situação ou circunstância**	Relaciona, intencionalmente ou não, emissor e receptor. Com base nas circunstâncias em que ocorre o ato de comunicação, o significado da mensagem pode ser alterado, razão pela qual é preciso considerá-las sempre.
8.	**Intenção, propósito ou necessidade**	A intenção, o propósito ou a necessidade do ato de comunicação também podem influenciar o resultado desejado. Geralmente, a não observação da intenção de um dos envolvidos no processo de comunicação condena o ato a ser mal-interpretado e pode ainda alterar o significado da mensagem.

FIGURA 2: O PROCESSO DE COMUNICAÇÃO

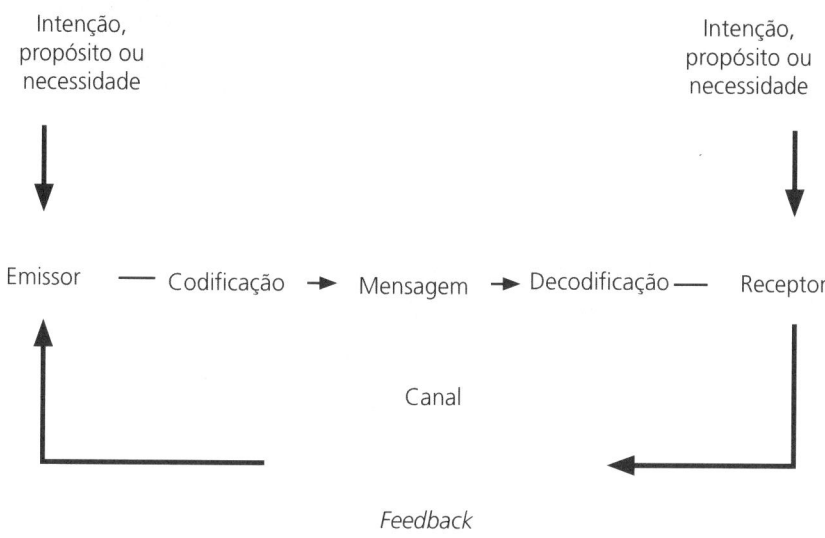

Etapas e formas do processo de comunicação

A atuação de um gestor está vinculada ao desempenho de seu processo de comunicação, que contém as seguintes etapas:

1ª) Desenvolver uma ideia criativa. Se sua ideia for inútil, vazia, igual a milhares de outras, será apenas mais uma. O gestor tem, assim, a responsabilidade maior no processo de comunicação.

2ª) Codificar a ideia por meio de sinais e/ou símbolos, pois esta vai influenciar pensamentos, palavras e atos. Os códigos e os símbolos podem ser desenhos, gráficos – e até relatórios; devem ser organizados de forma lógica e inteligível para transmissão e recepção.

3ª) Desenvolvida a mensagem, é preciso transmiti-la. Essa transmissão pode ocorrer por meio de um *suporte* – dados, imagens, textos, gráficos, vozes ou outro meio a escolher.

4ª) Para que haja comunicação, é necessária a *recepção*, que dependerá da aptidão do receptor para passar para a próxima etapa.

5ª) O receptor, ao decodificar a mensagem para entendimento pessoal, deve formar a mesma ideia da primeira etapa, isto é, deve ter o mesmo entendimento do emissor.

6ª) O receptor utiliza a mensagem recebida de alguma forma em sua atividade – física ou mental. As consequências do uso dessa mensagem permitem ao emissor saber se o receptor soube decodificá-la da forma desejada e, assim, verificar se o processo se deu de forma adequada.

7ª) Retroalimentação, realimentação ou *feedback*. O receptor pode transformar-se em emissor, baseado na realimentação do processo de comunicação; entretanto, grande parte dos *feedbacks* é oferecida somente quando o emissor lança mão de ferramentas mais específicas de estímulo.

COMENTÁRIO
O suporte também pode ser chamado de *ponte* ou *canal*.

FIGURA 3: ETAPAS DO PROCESSO DE COMUNICAÇÃO

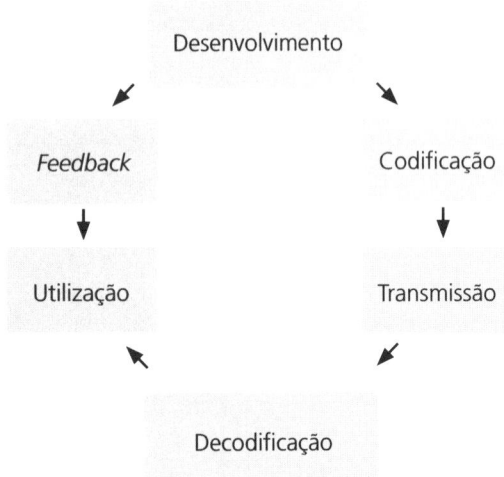

Não existe, na verdade, uma forma única de comunicação; as pessoas podem se comunicar de diversas formas. O objetivo da comunicação é influenciar intencionalmente a fim de provocar uma reação específica de uma pessoa ou grupo. Dessa forma, não existe uma "melhor" forma de comunicação entre indivíduos dentro do ambiente organizacional.

A comunicação pode se dar de forma:

- *oral*: ordens, pedidos, colóquios, "bate-papos", comunicações telefônicas, pelo rádio, debates, discussões, apresentações públicas etc.;
- *escrita*: cartas, jornais impressos, revistas, cartazes, *folders*, mensagens eletrônicas, *banners* etc.;
- *não verbal*: comunicação por mímicas – gestos das mãos, do corpo, da face e caretas; pelo olhar; pela postura do corpo – *o corpo fala muitas vezes o que realmente se quer dizer verbalmente*. As comunicações não verbais podem acontecer de forma consciente ou inconsciente: falar é uma atitude consciente, enquanto a postura é inconsciente.

A estrutura do sistema de comunicação e sua eficiência

A comunicação é um processo complexo que inclui transmissão e recepção de problemas, sugestões, experiências, climas emocionais, atitudes, hostilidades, lealdades, objetivos, metas etc.

O conhecimento do processo da comunicação e da aplicação dos métodos de transmissão da mensagem-estímulo – ou mensagem-reação – torna-se uma necessidade imperativa não só para o administrador como também para todo indivíduo que convive em sociedade, porque a comunicação é a principal forma de interação social humana.

À medida que a organização administrativa vai se tornando mais complexa, surge também a necessidade de se realizar a intercomunicação com maior *rapidez* e *eficiência*. Para que a comunicação se realize com precisão, clareza e de modo compreensível, é necessário que o comunicador não só conheça e avalie seu papel e sua posição como também saiba quem ele é, o que faz, o que diz e para quem.

Objetivo da comunicação: fazer com que todos os públicos da organização fiquem cientes do que ela deseja alcançar.

> **COMENTÁRIO**
>
> A comunicação visa efetivar mudanças e influenciar ações. Não existe comunicação fora de um contexto; portanto, a percepção do clima organizacional é fundamental para a eficiência da comunicação. Sem dúvida, a consecução dos objetivos da empresa depende de um bom sistema de comunicação dentro de um contexto estratégico, como será abordado mais adiante.

> **CONCEITO-CHAVE**
> Para Chappel e Read (1973:7), administrar é: "dirigir atividades humanas de forma a assegurar a maior conformidade possível com a política da organização".

É fundamental prestar atenção à maneira como as informações são dadas aos membros da equipe de trabalho, assim como à forma pela qual as opiniões e os sentimentos da equipe são transmitidos ao nível gerencial.

As atividades de comunicação representam um aspecto importante das responsabilidades dos gestores. Informações relativas a decisões fluem dos níveis mais altos para os mais baixos, e as informações a respeito do funcionamento do sistema percorrem o caminho inverso. Na verdade, são as pessoas, e não os cargos, que formam os elos do processo de comunicação.

As pessoas são os meios através dos quais a comunicação se efetua.

Entretanto, a natureza do cargo determina a quantidade e o tipo de informação que deve ser manipulada. Os cargos executivos exigem uma constante entrada de informações e produzem, igualmente, grande quantidade delas. O departamento de pessoal, por exemplo, exige um constante intercâmbio com funcionários de outros departamentos.

Problemas de comunicação são problemas de gestão, e os problemas de gestão resolvem-se com uma comunicação eficiente: é por meio da comunicação que se edifica a moral do grupo, aumenta-se a cooperação construtiva entre administração e empregado e, por conseguinte, a produtividade. A comunicação deve ser utilizada quando a organização se relaciona com seus diversos públicos, em diferentes situações.

> **CONCEITO-CHAVE**
> Vários são os fatores que afetam a eficiência da comunicação. A tais fatores, que criam distorções, equívocos e atritos, desvirtuam o processo de comunicação e dificultam sua efetividade, dá-se o nome de *barreiras*, *ruídos* ou *obstáculos*.

Duas pessoas não percebem da mesma maneira uma realidade ou situação, pois, embora vivam no mesmo mundo, na verdade, não pensam e não sentem do mesmo modo; para que a comunicação não se torne inadequada ou de má qualidade, é preciso que emissor e receptor tenham, ao menos, conhecimento da mesma realidade.

> **CONCEITO-CHAVE**
>
> Percepção implica integração, organização, seleção e interpretação de impressões sensoriais. Esse processo interpretativo dos estímulos do meio ambiente determina a *significação* – produto da percepção e da interpretação pessoal da realidade.

Tanto as diferenças de percepção entre os indivíduos como suas barreiras pessoais são influenciadas por diferenças:

- psicológicas;
- de idade;
- de sexo;
- de grau de instrução;
- culturais;
- de nível hierárquico;
- de nível econômico;
- regionais;
- religiosas;
- de interesse;
- de personalidade;
- de especialização.

> **DIFERENÇAS DE ESPECIALIZAÇÃO**
>
> Em uma mesma organização podem atuar profissionais com especializações diferentes. A interpretação de uma ordem interna pode ser diferente entre engenheiros, administradores e advogados, por exemplo. Mesmo aqueles formados em áreas afins podem perceber de forma diferente uma mesma mensagem.

Outro fator que pode comprometer a qualidade da comunicação é a má formulação da mensagem. Na elaboração de mensagens significativas, utiliza-se um sistema estruturado de signos linguísticos, isto é, um determinado código verbal. O emprego inadequado desse código pode comprometer o olhar sobre a realidade e dificultar sua compreensão. A falta de clareza da mensagem é decorrente do desconhecimento do verdadeiro significado das palavras, de seu emprego adequado, da estruturação de frases e da disposição das ideias, em geral. Frases vazias de conteúdo, omissões por descuido, falta de coerência, repetição, lugares-comuns e emprego de gírias são algumas das consequências desse desconhecimento.

As barreiras semânticas podem provocar situações engraçadas e mesmo perigosas. A fim de melhorar a eficiência de sua comunicação, o dirigente precisa compreender a maneira pela qual o emprego da língua pode influenciar o comportamento humano, para comunicar-se de modo eficaz com seus diversos públicos.

Se houver problemas de decodificação ou recodificação da mensagem, esta pode perder sua ideia central. Muitas vezes, o centro de comunicações tem de captar as mensagens de seus superiores e retransmiti-las aos diferentes setores da empresa. Para fazê-lo, no entanto, não basta apenas reproduzir, palavra por palavra, a mensagem; é necessário também interpretá-la adequadamente para os diferentes tipos de receptores ou incluir explicações e comentários, para que a mensagem seja compreendida e bem-recebida.

Outros fatores que podem modificar a qualidade da mensagem ou seu conteúdo e, dessa forma, prejudicar a comunicação dentro das organizações são:

- perda do sentido no decorrer da transmissão da mensagem; suposições não esclarecidas;
- desajustes ou conflitos de padrões entre normas de conduta e valores; falta de confiança no emissor;
- avaliação prematura das comunicações; omissão de comunicações (por medo, comodidade ou confusão);
- deficiências no processamento, na manipulação e na transmissão de mensagens; problemas na relação entre superior e subordinados;
- boatos ou informações não verdadeiras; ruídos – interferência nas mensagens;
- atitudes negativas; desconhecimento do assunto; sobrecarga de informações.

As barreiras físicas acontecem no ambiente que cerca a comunicação – são as indesejáveis interferências ou sombras que ocorrem entre o emissor e o receptor, como outras pessoas falando, barulhos externos (rua, carros, sons etc.), ruídos (ventos, motores etc.), distância, paredes ou colunas, cadeiras e mesas desconfortáveis. Indivíduos têm seu comportamento modificado quando lhes são oferecidas poltronas macias, cadeiras confortáveis e espaçosas etc.

FIGURA 4: O PROCESSO DE COMUNICAÇÃO E A INTERFERÊNCIA
DE BARREIRAS, RUÍDOS, OBSTÁCULOS

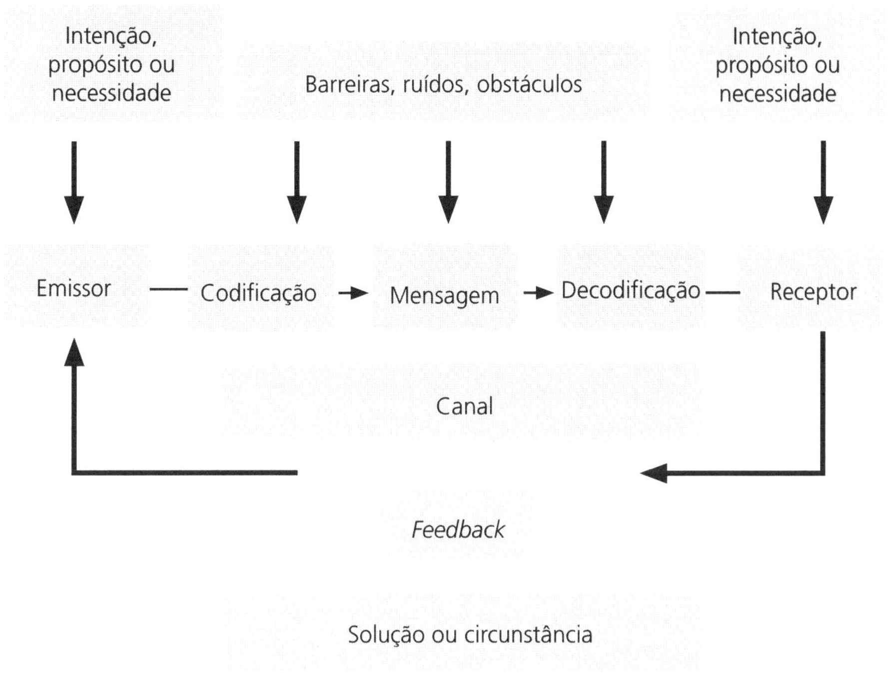

```
┌─────────────┐                    ┌──────────────────┐                    ┌─────────────┐
│  Intenção,  │                    │                  │                    │  Intenção,  │
│ propósito ou│                    │ Barreiras, ruídos│                    │ propósito ou│
│ necessidade │                    │    obstáculos    │                    │ necessidade │
└──────┬──────┘                    └────────┬─────────┘                    └──────┬──────┘
       │                                    │                                     │
       ▼                                    ▼                                     ▼
  ┌─────────┐   ┌───────────┐   ┌─────────┐   ┌──────────────┐   ┌──────────┐
  │ Emissor │──│Codificação│──▶│Mensagem │──▶│ Decodificação│───│ Receptor │
  └────▲────┘   └───────────┘   └─────────┘   └──────────────┘   └────┬─────┘
       │                            Canal                              │
       │                                                               │
       └───────────────────────────◀──────────────────────────────────┘
                              Feedback

                        Solução ou circunstância
```

Comunicação efetiva e modelos de comunicação

Para que a comunicação se realize de modo efetivo, é necessário que o receptor compreenda exatamente o objetivo da comunicação. E, para garantir a correta interpretação da mensagem, certas condições terão de ser controladas ou, pelo menos, compensadas. A mensagem expressará perfeitamente os objetivos do comunicador se satisfizer às seguintes condições indispensáveis:

- codificação fidedigna do conceito;
- expressão fiel do conteúdo da fonte;
- decodificação exata da mensagem;
- conceituação do receptor equivalente à do emissor;
- efeitos desejados comprovados pela fonte.

Nesse sentido, alguns fatores determinarão a efetividade da comunicação. Entre eles:

- as atividades mentais do emissor e do receptor: ideias, pensamentos, raciocínio; a capacidade de abstração de ambos; o tipo de código a ser usado nas diferentes situações e sua compreensão;
- a habilidade de codificar/verbalizar o processo mental; a habilidade de decodificar; a posição social;
- as aptidões individuais e as suscetibilidades; a atitude de otimismo, de favorecimento e de autoconfiança.

A organização pode lançar mão de medidas que sirvam para garantir a eficiência da comunicação:

- pensar cuidadosamente no que deseja comunicar; determinar o modo de comunicar algo a alguém – variáveis emocionais do receptor; apelar para os interesses da equipe;
- saber ouvir; evitar discrepâncias entre as palavras dos gerentes e suas atitudes; ser competente para identificar cada tipo de situação;
- contribuir para diminuir as deficiências de comunicação; atrair e manter a atenção do receptor; desenvolver a capacidade de interlocução.

O processo de comunicação pode ser realizado de várias formas, e nem sempre o gestor poderá lançar mão de todo o seu arsenal de ferramentas. Em alguns casos, serão utilizados processos de comunicação de massa, que são caros, mas ainda atraentes e efetivos para algumas organizações. À primeira vista, esse processo se dá quando uma mensagem é veiculada de forma muito ampla para um grande número de receptores.

FIGURA 5: PROCESSO DE COMUNICAÇÃO DE MASSA

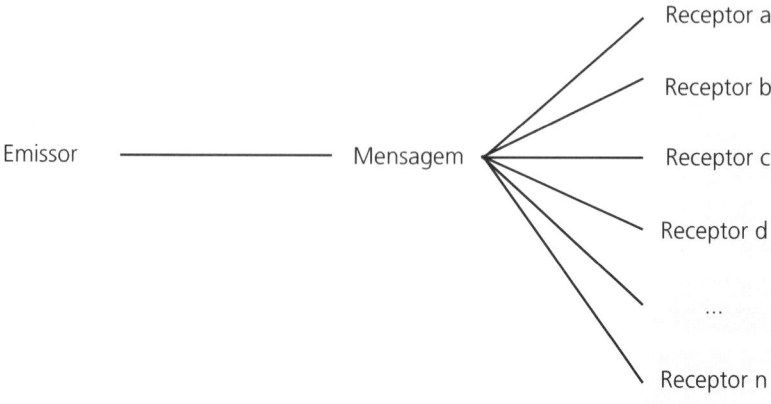

Entretanto, o processo de comunicação de massa não se dá efetivamente de forma tão ampla e descoordenada. As relações sociais, que constroem as circunstâncias em que o processo de comunicação acontece, são filtradas por líderes de opinião, indivíduos que definem as formas com que determinados grupos entendem as ofertas de valor que são dispostas no mercado (Katz e Lazarsfeld, 1955). Enquanto as mensagens atingem diretamente alguns receptores, outros já as recebem filtradas por líderes de opinião.

ELIHU KATZ

Sociólogo e professor da Universidade de Chicago. Publicou, juntamente com Paul F. Lazarsfeld, *Personal influence: the part played by people in the flow of mass communications.*

PAUL FELIX LAZARSFELD

Nasceu em 13 de fevereiro de 1901, em Viena (Áustria), e morreu em 30 de junho de 1976, em Nova York. Lazarsfeld desenvolveu seu interesse acadêmico interdisciplinar que o levou da matemática pura à sociologia, à psicologia e ao interesse pelos estudos sobre meios de comunicação. Foi o precursor de uma corrente do estudo da comunicação iniciada em 1940, na Universidade de Colúmbia. Pioneiro no campo da comunicação *mass media*, reconheceu o efeito dos meios de comunicação de massa na sociedade e sua aplicação nas técnicas de sondagem para obter informação.

Dessa forma, o processo de comunicação torna-se um pouco mais complexo, e o gestor passa a ter de lidar com algumas variáveis novas em suas tomadas de decisão de comunicação. Passa a ser necessário entender melhor como se dá o processo de influência do líder de opinião sobre os indivíduos e prever o comportamento destes diante de certas mensagens.

DECISÃO DE COMUNICAÇÃO

As decisões de comunicação do gestor estão relacionadas inicialmente à definição do alvo da comunicação, dos objetivos da comunicação e à preparação do orçamento. Quando a ação de comunicação é implementada, as decisões passam a ser relacionadas aos elementos, à mensagem, às mídias e ao momento correto para lançamento da ação de comunicação.

FIGURA 6: O PROCESSO DE COMUNICAÇÃO DE MASSA E O PAPEL DO LÍDER DE OPINIÃO

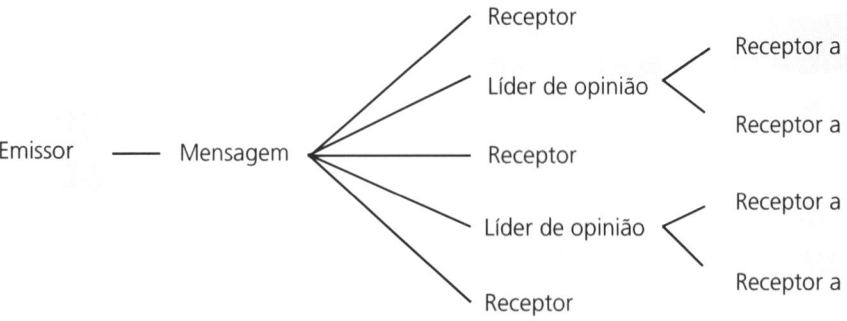

Seguindo a proposta de Smith e Taylor (2004), o processo de comunicação se torna ainda mais complexo quando inserimos os *formadores de opinião*. Diferentemente dos líderes de opinião, que exercem influência informal baseada no *status* social, os *formadores* são muito difíceis de identificar, pois são especialistas formalmente associados ao tema da mensagem. Assim, podem ser jornalistas, analistas, críticos ou mesmo especialistas do mercado. Esses indivíduos exercem influência sobre os receptores da mensagem e também sobre os líderes de opinião.

> **JONATHAN TAYLOR**
>
> Vice-presidente da Human Resources & Operations at Pacific & Western Bank of Canada. Publicou, juntamente com Paul R. Smith, o livro *Marketing communications: an integrated approach*.
>
> **PAUL R. SMITH**
>
> Examinador sênior do Chartered Institute of Marketing's e-Marketing Award e diretor orientador da empresa Multimedia Marketing.com. Publicou *Strategic marketing communications: new ways to build and integrate communications* e *Great answers to tough marketing questions*.

Todos os componentes do processo de comunicação, portanto, são acessados por meio de um canal que pode ser afetado por ruídos. Dessa forma, é necessário que o emissor (= a organização) possibilite e incentive a criação de canais que sirvam para o escoamento de um fluxo de *feedback* a respeito da mensagem enviada.

O modelo de processo de comunicação de massa de múltiplos níveis desenvolvido por Smith e Taylor (2004) traz a participação de líderes e formadores de opinião. Apresenta, ainda, o ruído – que interfere na mensagem e no canal de comunicação – e o *feedback*, que deve ser coletado de todos os receptores – sejam ou não influenciados por líderes e formadores de opinião.

FIGURA 7: O PROCESSO DE COMUNICAÇÃO DE MASSA DE MÚLTIPLOS NÍVEIS

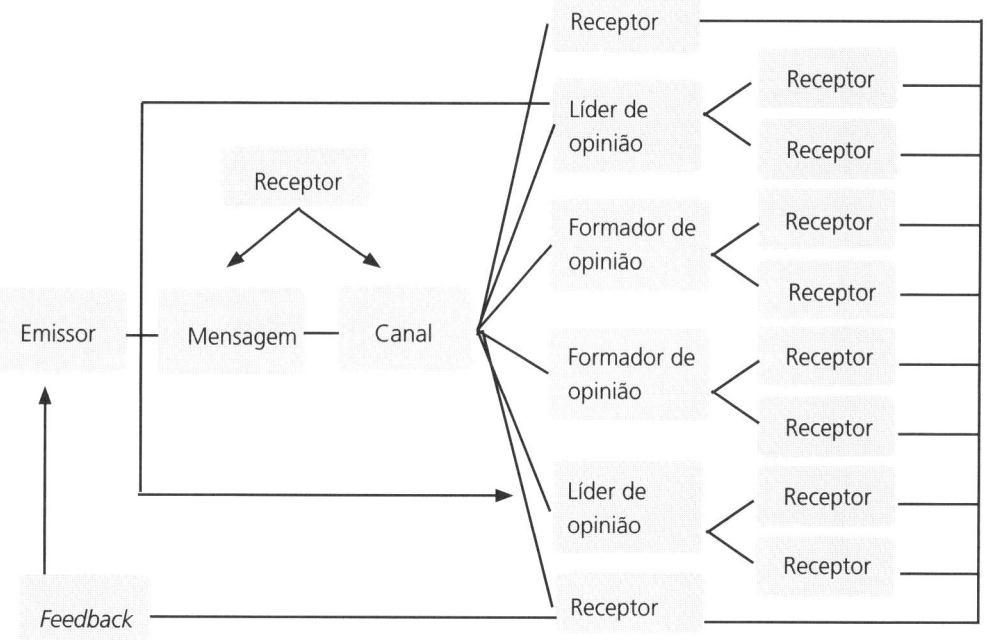

Por mais que pareça extremamente complexo, esse modelo ganha ainda mais elos e componentes com capacidade de influência mútua, dadas as possibilidades oferecidas pela tecnologia mais recente. A internet, as mídias sociais, a banda larga móvel (3G) e os dispositivos portáteis de comunicação mais avançados – *smartphones*, *tablets*, *notebooks* – passaram a oferecer ao consumidor acesso instantâneo a muitas informações. De dentro  de uma loja física, o cliente pode acessar, além de comentários, testes a respeito de um produto realizados por especialistas ou por usuários como ele. Pode comparar preços em lojas reais e virtuais no Brasil e em outras partes do mundo. Os limites da comunicação de massa estão em plena expansão.

As organizações têm de preparar suas ações de comunicação como forma de dar suporte à própria atuação no mercado. A comunicação de marketing deixa de ser apenas uma forma de apresentar produtos ou divulgar os atributos destes e passa a ser um processo que integra os diversos públicos da organização e está ancorado em uma proposta de criação de valor.

A seguir, serão trabalhados os públicos de marketing da organização e os conceitos que dão suporte ao processo de integração da comunicação de marketing.

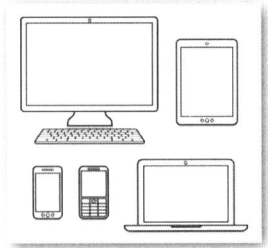

CRIAÇÃO DE VALOR

A criação de valor em marketing está relacionada ao desenvolvimento de ofertas que tragam mais benefícios percebidos pelos consumidores com os menores custos para estes. As ofertas serão avaliadas de formas diferentes pelos consumidores. As ações de comunicação podem ajudar a organização a explicitar sua oferta de valor aos consumidores.

Capítulo 2

Os públicos de marketing da organização

Conceitos fundamentais de marketing

A disciplina marketing surgiu da discussão a respeito de problemas que a economia não tratava de forma mais objetiva. Para os economistas, o funcionamento das firmas não era um foco de estudo. Desse modo, tudo o que acontecia no âmbito interno de uma empresa, desde as formas de obtenção de matérias-primas até a entrega de produtos, interessava bem pouco à economia. Coube a novas disciplinas tratarem dos processos internos das organizações e de suas relações com os mercados. Esses processos passaram a ser analisados e estudados pelas áreas de produção e estudos organizacionais, enquanto as relações entre organizações e mercados passaram a ser trabalhadas pelo marketing.[1]

Um dos primeiros problemas estudados pela área de marketing trazia uma análise do mercado de produtos agrícolas. Havia um problema grave no mercado: os produtores rurais recebiam pouco por sua produção e os consumidores finais pagavam caro pelo acesso a produtos hortifrutigranjeiros. Com isso, cada vez menos produtores rurais tinham interesse em ampliar suas culturas ou mesmo em continuar produzindo, enquanto os consumidores finais satisfaziam cada vez menos seus desejos por produtos agrícolas. Esse desequilíbrio de mercado poderia trazer consequências desastrosas para a economia do país. Estudos de marketing, no entanto, com base na análise dos mecanismos de distribuição, mostraram como aumentar a remuneração do produtor e diminuir os preços finais para os consumidores.

---

[1] O conceito de marketing já passou por várias mudanças ao longo do tempo. Não cabe a esta obra tratar especificamente dessas mudanças; entretanto, antes de se chegar à definição de marketing, cabe destacar que nem tudo foi alterado, como será visto.

> **CONCEITO-CHAVE**
>
> Dessa forma, o objetivo do marketing poderia ser definido como "realizar o melhor equilíbrio possível entre oferta e demanda" (Rocha e Christensen, 1999:15). Isso significa fazer com que os produtores tenham remuneração suficiente para que se sintam motivados a continuar produzindo e os consumidores possam acessar bens e serviços que sirvam para satisfazer suas necessidades e seus desejos.
> Contemporaneamente, *marketing* tem sido definido como "o processo de planejar e executar a concepção, a determinação de preço, a promoção e a distribuição de ideias, bens e serviços para criar trocas que satisfaçam metas individuais e organizacionais" (AMA, 2004).

Fica claro que o marketing trata da relação entre produtores e consumidores, que está baseada em trocas realizadas nos mercados. A seguir, uma relação de conceitos básicos.

Necessidades	São todas as carências fundamentais do ser humano. É comum que se classifiquem as necessidades como os elementos necessários à vida, mas o reconhecimento social é uma necessidade, assim como o são a amizade e o amor. O indivíduo pode viver sem reconhecimento social, mas alcançará um estágio de desenvolvimento psicológico que o fará perseguir reconhecimento por parte dos outros.
Desejos	As necessidades não existem no mundo das coisas, pois são subjetivas. É necessário, contudo, torná-las tangíveis de alguma forma para que sejam satisfeitas; materializadas, de acordo com as características pessoais e culturais dos indivíduos, tornam-se desejos. Se um indivíduo com fome (necessidade) entra em um restaurante e diz apenas "estou com fome", provavelmente lhe será oferecido o cardápio, pois este será capaz, em princípio, de transformar sua necessidade de comida em um pedido concreto. Ao escolher a lasanha, por exemplo, esse indivíduo transforma necessidade (fome) em desejo (lasanha).
Troca	É o conceito central da disciplina de marketing. É por meio de trocas que consumidores adquirem bens e serviços que satisfazem suas necessidades e desejos, e produtores obtêm retorno pelos investimentos realizados na produção desses bens e serviços. A busca pelas melhores condições de troca para os dois lados é o objetivo central do marketing.
Produto	Produto é algo realizado e oferecido como maneira de satisfazer necessidades e desejos de consumidores. Pode ser tangível (bem) ou intangível (serviço).
Valor	Diferentemente do uso corriqueiro da palavra, o significado de *valor* é diferente do significado de preço e do de custo. É uma relação subjetiva entre benefícios e custos que são percebidos pelo consumidor. Os consumidores procuram produtos que lhes ofereçam o maior benefício com o menor custo possível; em consequência, o objetivo de qualquer produtor é oferecer a melhor relação entre benefícios e custos.
Benefícios	Correspondem a tudo o que o consumidor recebe como resultado de uma troca. Podem ser tangíveis, como cor, resistência do material, capacidade de proteção, ou intangíveis, tais como capacidade de provocar aceitação social, conforto psíquico e lembrança de algo positivo. Um computador, por exemplo, oferece diversos benefícios ao consumidor: capacidade de comunicação, acesso a informações, organização dessas informações ou mesmo a possibilidade de criação de filmes. Se for portátil, pode acompanhar o indivíduo em suas atividades diárias e servir como indicativo de *status* diante de outras pessoas.

Continua

Custos	Correspondem a tudo aquilo de que o consumidor abre mão para poder acessar os benefícios que são oferecidos pelo produto. Os principais custos com que o consumidor arca são *dinheiro* e *tempo*. Como esses recursos são limitados e as escolhas difíceis, há um custo de escolha, a que alguns autores se referem como *custo de oportunidade*: se um indivíduo assiste a um filme na sexta-feira à noite, deixa de assistir a outro. Isso representa um custo inerente à escolha que não pode ser mensurado em tempo ou dinheiro, mas está relacionado a essas duas variáveis.

Públicos de marketing

Esses conceitos básicos são muito importantes para que se possa tratar da expansão dos públicos de marketing e da comunicação de forma integrada. Normalmente, quando se fala de comunicação de marketing, tem-se em mente o consumidor final do produto, mas o processo é um pouco mais amplo. O consumidor final, ou cliente, é muito importante e não  pode ser posto em uma posição secundária quando da gestão do marketing de uma organização. Empresas orientadas para o cliente, entretanto, acabam por deixar mais sensíveis algumas relações que são fundamentais para a oferta de valor a seus próprios clientes.

Há diferentes públicos que participam, de alguma forma, da oferta de marketing da organização.

EXEMPLO

Relações com *fornecedores*, por exemplo, são fundamentais para a oferta de valor ao cliente. Na ampla maioria dos casos, não há como a organização oferecer algum bem ou serviço que não envolva o fornecimento prévio de algum insumo. Fabricantes de automóveis precisam de aço para fabricar suas peças, assim como siderúrgicas precisam de minério de ferro para a produção de aço. Sem essas matérias-primas brutas, não há como a organização oferecer qualquer coisa e, nesse caso, não é possível oferecer valor ao cliente.

Atividades de prestação de serviços, como transporte aéreo, por exemplo, precisam de caminhões para realizar transporte de cargas. Os caminhões são um insumo necessário para a realização do serviço, mesmo não sendo matéria-prima bruta como o minério ou o aço. Em ambos os casos, os fornecedores têm imensa influência sobre a possibilidade de oferta de algum bem ou serviço que possa trazer valor para o cliente.

Fornecedores exercem papel fundamental na oferta de valor em três pontos:

1. Fornecem matérias-primas ou serviços que atendem às especificações do produtor e garantem a oferta de benefícios.
2. Fornecem matérias-primas ou serviços no prazo determinado e garantem a oferta de valor.
3. Mantêm preços de matérias-primas ou serviços dentro da proposta do produtor e, por consequência, o custo da oferta estável.

O desenvolvimento *permanente* de ações de comunicação com os fornecedores é fundamental para a oferta de valor superior ao cliente.

Muitas organizações investem tempo e dinheiro no desenvolvimento de insumos em parceria com seus fornecedores para que consigam obter os produtos ou serviços exatamente nas especificações de que precisam. Essa estratégia depende de um esforço de comunicação muito grande, que passa a ser crucial para a organização, o que mostra a importância da comunicação já no início do desenvolvimento do negócio. Cadeias de *fast food* que iniciaram suas atividades no Brasil investiram muitos recursos no desenvolvimento de fornecedores que conseguissem atender ao padrão de qualidade internacional das redes, mas satisfizessem o gosto brasileiro. A comunicação entre as partes trouxe a possibilidade de sucesso; por outro lado, os que não conseguiram se relacionar corretamente com seus fornecedores enfrentaram operações muito problemáticas que acabaram por inviabilizar a atuação no país.

O prazo também é uma questão crucial na relação das organizações com seus fornecedores, pois insumos entregues com atraso impedem a organização de atender às necessidades dos clientes. Não há benefício a ser ofertado se não houver produto ou serviço disponível no mercado. Quando programa suas atividades de produção, a organização depende da entrada de determinados insumos, já que eles possibilitarão sua participação no mercado. Quando não consegue participar, dá espaço para que concorrentes assumam posições mais consolidadas. Dessa forma, suas condições de competir podem ficar muito comprometidas e, além disso, seus esforços de comunicação precisariam ser aumentados, o que nem sempre é possível, dadas as restrições de orçamento dessa organização.

Os fornecedores podem exercer ainda mais influência sobre a oferta de valor de qualquer organização. Além da questão da existência do fornecimento em si, os fornecedores devem oferecer insumos que sigam as especificações determinadas pela organização que fará uso deles para entregar algo ao cliente. Há, novamente, uma relação direta entre o que é entregue pelo fornecedor e o que é oferecido pela organização ao seu cliente final.

> **EXEMPLO**
>
> Se os equipamentos hospitalares não funcionam conforme o especificado, isso diminui a oferta de valor das clínicas e dos hospitais que os utilizam.
> Se os sistemas de frenagem duram menos que o definido pela montadora de automóveis, ações de *recall* e substituição de componentes podem ser geradas, e isso, certamente, não vai custar barato nem para a organização nem para os clientes finais.

A organização teria de realizar trocas e incorporar os custos dos consertos. Por outro lado, o cliente final tem seu custo elevado quando fica impedido de utilizar o bem que adquiriu. Além disso, o cliente pode ter problemas de desempenho que acarretem perdas de outra ordem, como ferimentos por acidentes, por exemplo. Tais problemas podem representar aumento de despesas para a organização, que seria chamada a cobrir eventuais danos físicos ou morais. Insumos de má qualidade ou que não atendem às especificações definidas interferem negativamente na oferta de valor da organização porque, simultaneamente, reduzem benefícios e elevam os custos para os compradores.

Problemas dessa ordem ocorrem quando a comunicação entre o fornecedor e o setor de compras da organização não é bem-feita. O setor de compras é o setor encarregado, na maioria dos casos, de receber demandas internas de compras com suas especificações, tratar com fornecedores e encaminhar as especificações dos produtos a serem fornecidos. Se a comunicação interna (entre os setores da organização que demandam insumos e o setor de compras) ou a comunicação com os fornecedores não for desenvolvida adequadamente, a oferta de valor poderá ficar comprometida.

FIGURA 8: RELAÇÕES DE MARKETING ENTRE FORNECEDORES E ORGANIZAÇÃO

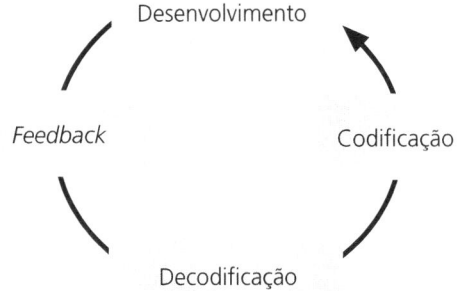

Funcionários

Os *funcionários* são os responsáveis diretos pela satisfação dos consumidores; se realizam suas tarefas corretamente, há mais qualidade na produção e, por extensão, maior satisfação. No caso de prestação de serviços, esse público interno é ainda mais crucial para a oferta de valor, pois interage *diretamente* com o consumidor final. Todo o processo pode ser perfeitamente planejado e desenhado, mas a condução da entrega do serviço é feita pelo funcionário, que precisa estar preparado. Ações de comunicação interna têm uma importância muito grande na preparação da equipe, na sua motivação e na manutenção de padrões de atendimento. Nenhuma organização existe sem pessoas; portanto, as relações com os funcionários são também fundamentais para a entrega de valor ao cliente.

> **CONCEITO-CHAVE**
>
> É possível diferenciar *atividades de produção de bens* de *atividades de prestação de serviços*. Na produção de bens, o papel dos funcionários é desempenhado em plantas de produção distantes dos olhos dos clientes finais, enquanto na prestação de um serviço o funcionário está à frente da entrega de valor e à vista do cliente.

Os agentes humanos que desempenham um papel no processo de execução de um serviço influenciam a percepção do comprador. Da mesma forma, todos os que participam da oferta de um serviço oferecem indicadores aos clientes acerca da natureza do serviço em si: seus trajes, sua aparência pessoal, suas atitudes e seus comportamentos influenciam, em conjunto, a percepção dos clientes com relação ao serviço.

> **EXEMPLO**
>
> Para alguns serviços, como consultoria ou ensino, o executor se confunde com o serviço. Em outros casos, a pessoa em contato é apenas uma pequena parte do serviço, por exemplo, um ascensorista em um edifício comercial. Mesmo esses executores podem ser o ponto central de encontros de serviço importantes para a empresa.

Fica patente a necessidade de a direção se comunicar com os funcionários da organização. As primeiras atividades de comunicação com funcionários acontecem mesmo antes que estes participem, efetivamente, de uma operação. As ações de recruta-

mento e seleção são ações de comunicação em que a organização procura encontrar as melhores cabeças, pois a escolha do indivíduo adequado para a função tornará mais fáceis todas as ações de comunicação interna posteriores. Entretanto, a contratação não é suficiente; é necessário treinar o indivíduo para as atividades que exercerá dentro da organização, inclusive aquelas de comunicação. As formas como os funcionários interagem com os clientes finais podem definir a capacidade de entrega de valor da organização e, consequentemente, a satisfação das necessidades dos consumidores.

> **EXEMPLO**
> Se uma concessionária de automóveis de luxo não tiver uma equipe preparada para atender ao público que para lá se dirige, o negócio não será bem-sucedido, sobretudo se os padrões de atendimento não forem definidos e praticados adequadamente. Uma vez pronto para interagir do modo esperado dentro da estrutura da organização, o funcionário poderá comunicar a oferta de valor ao cliente final mais facilmente.

Depois que o funcionário passa a participar da entrega de valor da organização ao cliente, é necessário mantê-lo motivado para essa atividade. Funcionários desmotivados comprometem a oferta de valor da organização de maneira que pode ser ainda mais crítica do que funcionários mal treinados o fariam. Funcionários desmotivados podem repelir o comprador e causar um grande prejuízo à imagem da organização.

> **EXEMPLO**
> É comum encontrar funcionários de bancos adquiridos por outras instituições reclamando de seus novos patrões. Nesses casos, fica clara a deficiência na comunicação interna da organização, que foi incapaz de motivar os funcionários incorporados, deixou-os com dúvidas a respeito dos respectivos futuros e não foi capaz de inibir fofocas ou boatos.

A retenção dos melhores quadros é fundamental para a oferta de valor da organização. Reter pessoas é normalmente mais barato e mais seguro do que procurar novos funcionários e treiná-los. A motivação pode se dar a partir de ações internas que, normalmente, são desempenhadas pelo gestor de pessoas ou pelo departamento de recursos humanos, que devem ter clara a orientação da organização e seus objetivos de marketing. Assim, a oferta de valor deve levar em conta as características das pessoas que compõem a organização e, se necessário, contratar novos quadros.

FIGURA 9: RELAÇÕES DE MARKETING ENTRE FUNCIONÁRIOS E ORGANIZAÇÃO

Investidores

Outro público importante para as organizações são os *investidores*. Eles são responsáveis pela injeção de recursos na organização e constituem um público bem peculiar. Seus desejos são específicos e claros: obter remuneração para o capital que investiram. Tal remuneração, via de regra, se dá com base no retorno de um montante superior ao que foi investido.

Essa relação parece simples, pois envolve um componente (dinheiro) que pode ser facilmente medido e definido, mas é, na verdade, muito complexa porque envolve também a intenção da organização de manter os recursos investidos em seus negócios. Organizações que mantêm captações constantes têm mais facilidade de expandir suas operações ou, simplesmente, podem operar com mais recursos, o que lhes amplia o espectro de atuação e, consequentemente, suas possibilidades de sucesso. Mais dinheiro pode significar capacidade de:

- contratar os melhores profissionais;
- comprar equipamentos mais sofisticados.

Isso não garante sucesso, mas pode significar uma chance de diferenciação de marca ou produto bastante considerável.

CONCEITO-CHAVE

Investidores são aqueles que aplicam recursos financeiros no negócio do produtor e esperam obter retorno por esse investimento.

Se o negócio parecer interessante e as possibilidades de lucro forem apresentadas corretamente, mais investidores se interessarão em aplicar recursos. Dessa forma, o produtor contará com recursos financeiros mais baratos que aqueles disponíveis no mercado de crédito e poderá oferecer produtos mais baratos – custos menores para o consumidor – e/ou investir mais em desenvolvimento de ações de marketing – desenvolvimento de produto, de comunicação, de estratégias de preço etc., que trarão mais benefícios para o consumidor.

Organizações que apresentam histórico de receitas elevadas e transparência na gestão costumam conseguir condições melhores de captação de investimentos.

Na tentativa de atrair investidores e mantê-los informados para que invistam, as organizações desenvolveram setores de comunicação específicos dentro de suas atividades: os departamentos de relações com investidores – ou com o mercado –, que se dedicam, exclusivamente, a tratar desse tipo de relação. Para tanto, produzem relatórios que trazem dados das operações da organização, antecipam eventuais ações mais relevantes e se mantêm à disposição para atender a esses investidores a qualquer momento.

Em organizações com recursos mais limitados, a mesma função é desempenhada pelo setor de relações públicas.

FIGURA 10: RELAÇÕES DE MARKETING ENTRE INVESTIDORES E ORGANIZAÇÃO

> **CONCEITO-CHAVE**
>
> **Canais**
> As ofertas das organizações precisam estar disponíveis no mercado e chegar aos clientes finais. Para tanto, os *canais* exercem uma função primordial, que se divide em três tipos.
> *Canais de distribuição*: possibilitam que o produto esteja disponível para os clientes finais. Cumprem todas as etapas, da oferta – desde que o produto, mais especificamente bens ou serviços, sai da linha produção – até a entrega ao cliente final: transporte, estocagem, armazenamento, venda no atacado, venda no varejo etc. A gestão de todo esse processo exige comunicação integrada para que não haja conflito de canais.
> *Canais de comunicação*: são as pontes entre a organização e os clientes finais. Permitem a apresentação ao mercado da oferta e suas características. Diversas estratégias e ações de comunicação podem ser desenvolvidas com os canais de comunicação, conforme será visto.
> *Canais de financiamento*: sem o suporte de uma instituição financeira, muitos clientes jamais acessariam algumas ofertas disponíveis no mercado. As condições de troca podem ser realizadas de forma efetiva, a partir da intervenção de um canal de financiamento que remunere a organização por sua oferta e, portanto, garanta sua sobrevivência e sua atratividade para os investidores, ao mesmo tempo em que garanta ao comprador o acesso ao produto mediante uma remuneração incorporada ao preço final deste. Essa remuneração faz com que o mercado se desenvolva mais e as necessidades dos clientes sejam atendidas.

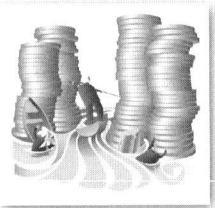

Os canais de distribuição devem ser treinados para agir como uma extensão da organização, pois, na cabeça do cliente, é assim que são vistos. Esse treinamento é realizado, em geral, pelo departamento de vendas da organização, a partir de ações de comunicação direcionadas à capacitação dos vendedores para a apresentação dos atributos dos produtos ofertados. Outro tipo de treinamento da força de vendas dá conta da construção, em parceria com os canais de financiamento, das condições de troca.

> **FORÇA DE VENDAS**
>
> Equipe formada por representantes de vendas, consultores de vendas, agentes, gestores distritais e representantes de marketing. O objetivo da força de vendas é encontrar e desenvolver novos clientes, comunicar informações sobre os produtos e serviços da empresa.

> **EXEMPLO**
>
> A integração dos canais é um trabalho importante de comunicação de marketing. O comércio de automóveis, mais uma vez, ilustra esse caso. Os revendedores de automóveis são treinados pelas montadoras para apresentar as características dos carros que são postos à venda. São treinados também para interagir com as instituições financeiras que oferecerão financiamento ao cliente final. Em alguns casos, essa interação se dá com a participação de um representante da instituição na loja; em outros, o próprio vendedor recebe algum tipo de treinamento que o capacita a agir também como representante do canal de financiamento.

Os canais de comunicação podem ser entendidos como fornecedores de serviços de comunicação – e, como tais, devem receber as especificações das comunicações que serão feitas. Os fornecedores recebem as especificações dos insumos necessários, enquanto os canais de comunicação recebem desde peças de propaganda totalmente produzidas e finalizadas até comunicados ou mesmo amostras dos produtos que serão apresentados.

> **EXEMPLO**
>
> As revistas especializadas em automóveis – "eles, de novo!" – recebem unidades dos veículos para realizar provas e divulgar, em suas publicações, as impressões – geralmente positivas... – a respeito do carro que está sendo lançado.

Clientes

Assim como os canais, os *clientes* também são alvo de comunicação posterior à produção. Mesmo que pesquisas de mercado deem conta de ações de comunicação com clientes potenciais – que podem ocorrer antes ou durante a produção, os esforços mais consistentes e visíveis de comunicação das organizações com seus clientes acontecem *depois* das etapas de  produção. A apresentação do produto, suas características e a tentativa de fazer com que os clientes identifiquem seus atributos corretamente são objetivos de comunicação que podem ser alcançados por meio de ações como *propaganda*, *publicidade* ou *venda pessoal*.

Deve estar muito claro para os profissionais de marketing que os clientes não compram produtos, *mas os benefícios que identificam nesses produtos*. Daí a importância de se compreender o comportamento do consumidor e as formas como os clientes podem ser segmentados. Os posicionamentos que resultam das decisões das organizações a respeito de quais segmentos serão alvo de suas ofertas são o ponto de partida de qualquer ação de comunicação integrada de marketing. Em algumas situações de serviços, os próprios clientes podem modificar ou influenciar a execução, afetar a qualidade do serviço e sua própria satisfação.

> **EXEMPLO**
>
> Pacientes de planos de saúde afetam a qualidade dos serviços que recebem atendendo ou não aos regulamentos do plano. Os clientes não apenas influenciam os resultados dos serviços que lhes são prestados, mas também podem influenciar os serviços prestados a outros clientes. Da mesma forma, em um teatro ou uma boate, os clientes podem influenciar a qualidade do serviço prestado aos outros, tanto pela ampliação quanto pela restrição das experiências dos demais clientes.

Percebe-se, então, que a comunicação com clientes não se dá apenas quando da apresentação dos atributos de um produto, mas também quando de seu uso. O cliente pode deixar de perceber benefícios em uma oferta quando não consegue fazer com que o produto tenha o desempenho adequado ou quando sua forma de interação com o produto perturba os demais clientes e causa problemas.

FIGURA 11: RELAÇÕES DE MARKETING ENTRE CLIENTES E ORGANIZAÇÃO

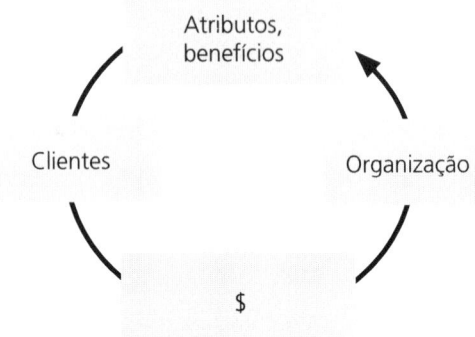

Fãs

Diferentemente dos clientes, que fazem apenas uso dos produtos, os *fãs* ultrapassam a simples utilização destes e se transformam em porta-vozes de produtos ou marcas. Os fãs de seriados de ficção científica do passado ainda hoje constituem um mercado importante para produtos licenciados e têm poder de influenciar outros compradores quando manifestam suas preferências, pois atuam em alguns casos como grupos de referência. O mesmo acontece com fãs de marcas de produtos de tecnologia como a Apple. Todos os seus produtos, quando apresentados, são discutidos, criticados e defendidos avidamente em sites da internet sem que a empresa faça, efetivamente, algum gasto de propaganda específico. Produtos que a empresa nem mesmo lançou são objeto de fixação por parte de um grande grupo de fãs da marca. Bastante integrada, a estratégia de comunicação de marketing usada pela Apple leva em consideração seus diversos públicos.

Os fãs utilizam os produtos e as marcas como forma de construção de uma identidade que pode lhes ser transmitida pelos objetos de consumo; se constituem a partir de produtos, que passam a ser entendidos como extensões de si mesmos. Em contrapartida, a organização pode receber suporte dos fãs, e estes podem ter competência para gerar uma reputação para a organização.

Por realizarem ações espontâneas ou provocadas de comunicação de produtos, os fãs passam a ser um público importante para as ações de comunicação da organização. Ao incorporarem essa função, passam a atuar como canais, mesmo que não de forma contratual. É, portanto, necessário que seja desenvolvido um plano de comunicação que inclua esse público, que pode ser extremamente poderoso no convencimento de novos clientes. Há uma grande quantidade de estudos a respeito da chamada propaganda *boca a boca*, vista como mais eficiente do que a propaganda tradicional. O papel do fã no lançamento e na regulação dessa propaganda (boca a boca) é crucial.

FIGURA 12: RELAÇÕES DE MARKETING ENTRE FÃS E ORGANIZAÇÃO

Concorrentes

Após sete minutos de sua apresentação do iPhone em 2007, Steve Jobs dirigiu-se à audiência:[2]

> Nós inventamos uma nova tecnologia chamada *multi-touch* que funciona como mágica. Não é necessário utilizar a *stylus*. É muito mais precisa do que qualquer tela de toque já lançada.

---

[2] Steve Jobs e o iPhone. Disponível em: <www.youtube.com/watch?v=9ou608QQRq8>. Acesso em: dez. 2007.

Ignora gestos não intencionais, permite realizar gestos com muitos dedos. E, cara, nós patenteamos isso!

A quem se dirigia esta fala? Por que compradores, funcionários, fornecedores, investidores ou fãs estariam preocupados com a patente da tecnologia? Bem, os investidores poderiam estar recebendo uma informação importante, que daria conta de que seus investimentos passariam a ser mais rentáveis depois da invenção dessa tecnologia. Fãs poderiam ficar impressionados e passar a dedicar tempo na divulgação dessa nova tecnologia e na discussão a seu respeito. Compradores também poderiam ficar convencidos de que aquele atributo os beneficiaria; com isso, as vendas do iPhone aumentariam.

No entanto, o alvo da última linha dessa comunicação eram os *concorrentes* da Apple, que, aliás, foram citados em diversas partes da apresentação de Jobs sem o menor temor por parte do executivo da Apple. Sua intenção era clara.

Mas por que se comunicar com concorrentes? A comunicação com esse público pode ter diversas intenções. Jobs estava querendo estabelecer uma nova forma de competição, que envolvia a total transformação dos termos de troca. A partir daquele momento, os benefícios e os custos de telefones celulares, mais especificamente de *smartphones*, começaram a ser vistos pelos clientes de outro modo.

Reações como a de Steve Balmer,[3] executivo da Microsoft, na tentativa de desconstruir essa nova forma de definir condições de troca, foram imediatas, mas infrutíferas. Em mercados muito competitivos, as comunicações entre concorrentes têm como objetivo tentar definir um novo padrão de competição de mercado, a partir da redefinição de termos de troca. O iPhone foi lançado com características diferenciadoras, mas também com preços superiores aos dos seus concorrentes. A intenção era redefinir o padrão de concorrência.

IPHONE

Aparelho telefônico móvel, desenvolvido pela Apple, com funções de *iPod*, câmera digital e internet. Oferece serviços de e-mail, mensagens de texto, visual *voicemail* entre outros. A interação com o usuário é feita por meio de uma tela sensível ao toque.

SMARTPHONE

Aparelho de telefonia celular com recursos funcionais avançados que permitem desde acesso à internet até a manipulação de alguns programas suportados em seu sistema operacional.

---

[3] Steve Balmer e o Zune. Disponível em: <www.youtube.com/watch?v=mHC7peDLWlQ>. Acesso em: dez. 2007.

STEVE JOBS

Empresário cofundador e CEO (*chief executive officer*) das empresas de informática Apple Inc. e NeXT. Em 1976, ao lado de Steve Wozniak, fundou a Apple Computer, e oito anos depois lançou o Macintosh, primeiro computador pessoal com recursos de tipografia e desenho. Em 1985, fundou a NeXT. Em 1996, comprou a Pixar Studios. Em parceria estratégica com a Disney, lançou vários filmes em animação 3D, entre eles, *Toy Story, Procurando Nemo, Monstros S.A.* e *Wall-e*.

APPLE

Empresa multinacional norte-americana que atua no ramo de aparelhos eletrônicos e de informática. Vende e oferece suporte para uma série de computadores pessoais, reprodutores de mídia portáteis, software e hardware.

MICROSOFT

Empresa de software atuante em todo o mundo, fundada por Bill Gates e Paul Allen em 1975, com o objetivo de desenvolver e comercializar interpretadores da linguagem Basic. Maior e mais conhecida empresa do ramo, é, atualmente, a empresa de tecnologia que mais investe em pesquisa e desenvolvimento no mundo. Produz grande variedade de programas, entre sistemas operacionais – Microsoft Windows –, aplicativos de escritório – pacote Office, que contém Word, Excel, Outlook, Powerpoint, InfoPath, Project, OneNote, Visio, Publisher e Access –, ambientes de desenvolvimento de programas – Visual Studio, Web Matrix, Microsoft Plataform Builder e Microsoft Target Designer – e servidores, como o SGBD SQL Server e o servidor de correio eletrônico Exchange. Produz o navegador Internet Explorer e o sistema de comunicação instantânea MSN Messenger.

Entretanto, em mercados menos concorridos, ou dominados por alguns concorrentes mais fortes, as comunicações entre eles podem ter como objetivo estabelecer padrões de concorrência mais seguros para as partes, que se protegeriam de ações mais ousadas de concorrentes menores e mais agressivos. De forma análoga, concorrentes menores podem se comunicar – em uma comunicação que pode incluir trocas de tecnologia e acordos de atuação em mercados – com o objetivo de obter proteção mútua em relação a concorrentes mais poderosos. Na segunda metade da década de 1970, a JVC procurou diversos concorrentes – entre eles, Philips, Zenyth e Thomson – e coordenou esforços de desenvolvimento tecnológico com base no compartilhamento de tecnologia e em ações de comunicação integrada. O resultado desses esforços fez com que o sistema VHS superasse o padrão BetaMax, desenvolvido pela Sony, que era, naquele momento, líder absoluto de vendas no mercado mundial.

SISTEMA VHS

VHS é a sigla para vídeo home system, o sistema de gravação de vídeo e áudio criado pela JVC e lançado no mercado na década de 1980. A JVC não estava satisfeita com o controle tecnológico e mercadológico desenvolvido pela Sony e dedicou esforços para o desenvolvimento de um sistema próprio de gravação doméstica de vídeo. Compartilhou sua tecnologia com empresas concorrentes e conseguiu acelerado avanço técnico e mercadológico.

PADRÃO BETAMAX

Formato de gravação de vídeo para uso doméstico desenvolvido pela Sony na década de 1970. Suas fitas tinham menor tamanho que as fitas padrão VHS e apresentavam qualidade de imagem e som superiores. Àquele tempo, quando se desejava alugar um filme em uma locadora, o funcionário costumava perguntar: "VHS ou Beta?" Apesar de intenso esforço promocional por parte da Sony e de um inicial sucesso de vendas, o padrão Betamax acabou sendo superado pelo VHS e saiu do mercado no início da década de 1990.

Governo e agências reguladoras

Qualquer negócio precisa de autorização para funcionar, dada por alguma instância dos governos federal, estadual ou municipal. Além disso, o *governo* e as *agências reguladoras* também agem de forma a regular a atuação das organizações no mercado. As normatizações apresentadas pelos órgãos de regulação devem ser seguidas, e os contatos com membros desses órgãos devem ser frequentes para que a organização não seja pega de surpresa. Esse acompanhamento passivo das normas é realizado internamente por profissionais das organizações.

Entretanto, a atuação das organizações perante os órgãos reguladores não se dá exclusivamente de forma passiva. Há muitos momentos em que as organizações procuram influenciar esses órgãos a tomar decisões que lhes sejam favoráveis. Essas ações podem ser realizadas pelo relações-públicas das organizações, que procura influenciar, indiretamente, a normatização do mercado por meio de declarações públicas, em geral reproduzidas ou difundidas por componentes da mídia parceiros dessas organizações. Bancos podem utilizar os jornais para pressionar a política monetária do governo; seus representantes são convidados a se manifestar e a dar declarações que são reproduzidas nos jornais.

Outro mecanismo de comunicação ativa entre organizações e órgãos reguladores é o *lobby*, prática não legalizada no Brasil, ao contrário do que ocorre nos Estados Unidos, por exemplo. Apesar disso, não deixa de ser utilizada pelas organizações que atuam no mercado brasileiro.

LOBBY

Atividade que busca influenciar, aberta ou veladamente, decisões do poder público, principalmente no poder legislativo, em favor de determinados interesses privados.

> **EXEMPLO**
>
> A discussão a respeito da construção da usina de Belo Monte, que envolveu protestos de organizações sociais e contou, até mesmo, com a inusitada presença de atores e cineastas norte-americanos.
>
> A discussão a respeito do Código Florestal ou do desarmamento, que movimentou defensores e opositores dentro e fora do Congresso Nacional. Destaque-se que, mesmo quando manifestaram abertamente suas intenções e formaram bancadas interessadas (bancada da bala – indústria bélica; bancada ruralista – *agrobusiness*), os parlamentares não assumiram publicamente a interferência de organizações empresariais em suas decisões, tampouco mencionaram o financiamento de suas campanhas.
>
> Produções cinematográficas, como *Obrigado por fumar* ou *Trabalho interno*, que tratam das relações entre empresas, órgãos de governo e agências de regulação.

FIGURA 13: RELAÇÕES DE MARKETING ENTRE GOVERNO E ORGANIZAÇÃO

Propostas de regulação → Organização → Regulação → Governo

Mídia

A *mídia* é um público de comunicação bastante interessante para as organizações porque pode se estabelecer como *ponte de comunicação* entre organização, clientes, fãs, governos, concorrentes e opinião pública; acompanha as organizações e pode, com sua força, impactá-las profundamente; mantém contato com sua assessoria de imprensa e recolhe impressões sobre o mercado e a concorrência. Esse intercâmbio é fundamental para que se construa uma gestão de comunicação de marketing integrada.

Definir formas de atuação perante a mídia pode ser crucial na construção de relacionamentos com clientes. Muitos novos clientes tomam contato com produtos e percebem se estes podem ou não satisfazer suas necessidades a partir de imagens construídas pela mídia. Governos podem ter suas formas de regulação enfraquecidas ou fortalecidas pela mídia, e as consequências sobre as organizações podem ser desastrosas.

Hoje em dia, com a expansão da mídia digital, tornou-se ainda mais complexo o processo de gestão de comunicação integrada. Milhares de sites dão conta de tratar de questões de mercado, criticam, elogiam, comparam e relacionam produtos e organizações de diversas formas.

Episódios de atendimento insatisfatório tornaram-se visíveis a todos os que têm acesso à internet por meio de sites como:

- www.reclameaqui.com.br
- www.denuncio.com.br
- www.nuncamais.net

Mesmo órgãos públicos passaram a contar com suas mídias de regulação e expressão dos direitos dos consumidores, como o caso do portal do Ministério da Justiça: <portal.mj.gov.br/SindecNacional/reclamacao.html>.

As chamadas "mídias sociais" também passaram a compor esse público de comunicação das organizações. O Twitter passou a ser utilizado para divulgação de experiências de consumo boas ou ruins, por meio do *hashtag* próprio #Fail. Da mesma forma, o Facebook tornou-se um difusor de reclamações e as tecnologias de comunicação se transformaram em recursos para clientes ou demais públicos. As organizações têm realizado grandes esforços de acompanhamento das mídias, geralmente a partir da contratação de consultoria especializada em inteligência de mercado. Os dados recolhidos são analisados e transformam-se em relatórios e sugestões de atuação da comunicação de marketing da organização.

OS PÚBLICOS DE MARKETING DA ORGANIZAÇÃO

TWITTER

Rede social e servidor para *microblogging*, que permite aos usuários enviar e receber atualizações pessoais de outros contatos.

HASHTAG

Denominação dada a um tópico de discussão que se deseja indexar no Twitter. O *hashtag* é composto pelo sinal tipográfico # (cerquilha) mais a palavra-chave que se deseja incluir.

FACEBOOK

Website de relacionamento social lançado em 4 de fevereiro de 2004 e fundado por Mark Zuckerberg, um ex-estudante de Harvard. O Facebook era um site fechado, sendo oferecido somente para estudantes secundários e universitários nos EUA, o que o tornou um fenômeno dentro dessas instituições. Em setembro de 2006, com a popularização do serviço, o acesso foi liberado a todos.

INTELIGÊNCIA DE MERCADO

Competência relacionada à avaliação do ambiente de negócios, dos competidores, da clientela e de processos, a fim de evitar ameaças e realizar oportunidades de negócios.

FIGURA 14: RELAÇÕES DE MARKETING ENTRE MÍDIA, ORGANIZAÇÃO E DEMAIS PÚBLICOS

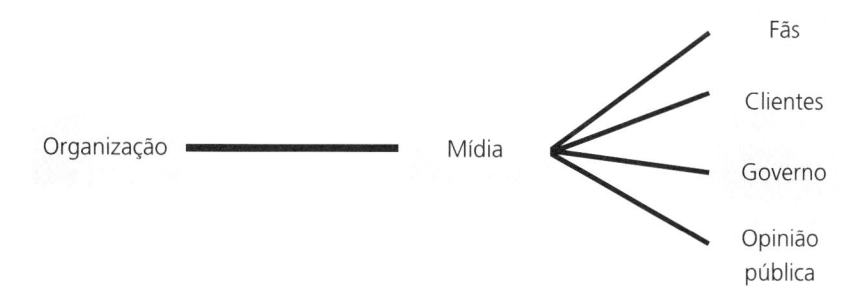

Organização ⟶ Mídia ⟶ Fãs / Clientes / Governo / Opinião pública

Opinião pública

A forma como a mídia trata os produtos, os gestores e as estratégias das organizações acaba por ter uma imensa importância sobre a *opinião pública*, outro importantíssimo público de comunicação de qualquer organização. A mídia, em muitos casos, atua como ponto de contato entre a opinião pública e a organização, tanto para expor os atributos dos produtos ofertados pelas organizações e suas formas de atuação como para servir de espaço para a expressão da opinião pública, esteja esta descontente ou satisfeita.

A opinião pública pode mudar a percepção de valor de uma oferta. Mesmo que não sejam consumidores dos produtos ofertados pela organização, associações, sindicatos e grupos representantes de causas, defesa dos animais, por exemplo, podem manifestar-se diante de uma oferta e interferir na percepção de seus benefícios por parte dos consumidores ou aumentar os custos de produção.

EXEMPLO

Veja-se a pressão de grupos ambientalistas perante produtores de atum enlatado. Todo o processo de produção, iniciado com a pesca com redes, foi alterado porque esse procedimento causava a morte de golfinhos. Depois da pressão da opinião pública, passou a ser realizada pesca com anzol, que é muito menos produtiva e, portanto, menos lucrativa. A oferta de valor foi alterada e os produtores de atum enlatado passaram a utilizar os mecanismos de proteção ao golfinho como objeto de diferenciação de produtos. O Departamento de Comércio norte-americano passou a regular a pesca nas águas de seu país com normas mais expressamente dedicadas ao controle da população de golfinhos e criou um selo próprio, que identifica produtos que são fabricados sem agredir esses animais. Na verdade, esse não é o primeiro caso de interferência da opinião pública dos EUA que gerou regulação no mercado. O banimento do DDT também foi resultado da ação desse público, cuja interferência sobre a oferta de valor da organização deve ser considerada e monitorada pelo setor de relações públicas, responsável por tratar com a opinião pública.

Configuração dos públicos de marketing

Se as relações entre produtores e consumidores forem consideradas a partir de uma perspectiva um pouco mais ampla, pode-se perceber que existem outros públicos de marketing envolvidos em atividades de mercado.

Esses públicos podem ser divididos em três grupos:

- públicos de entrada;
- públicos de saída;
- públicos de sanção.

Públicos de entrada

Públicos de entrada são todos os públicos da organização que contribuem para a construção da oferta de valor; estão localizados dentro da instituição ou apoiam a produção da oferta de alguma forma. São fundamentais para que o produtor ofereça valor ao consumidor final. São eles:

Investidores	Objetivos de comunicação: lucratividade; sustentabilidade financeira do negócio.
	Departamento responsável pela comunicação: relações com investidores.
	Formas de interação: atendimento permanente (passivo); assembleias com investidores (ativo).
Funcionários	Objetivos de comunicação: recrutamento; seleção; treinamento; motivação.
	Departamento responsável pela comunicação: RH.
	Forma de interação: ferramentas de marketing interno.
fornecedores	Objetivos de comunicação: especificação dos insumos; prazos de entrega.
	Departamento responsável pela comunicação: departamento de compras.
	Forma de interação: negociação direta.

Públicos de saída

Os públicos de saída são aqueles que não participam de etapa alguma do processo de produção, mas a eles se destina diretamente o resultado do processo produtivo. Os públicos de saída são:

Clientes	Objetivos de comunicação: benefícios; atributos.
	Departamento responsável pela comunicação: marketing.
	Forma de interação: ferramentas de promoção.
Canais – distribuição; comunicação e financiamento	Objetivos de comunicação: treinamento; atributos que geram vendas; informações.
	Departamento responsável pela comunicação: marketing.
	Forma de interação: ferramentas de promoção.
Fãs	Objetivos de comunicação: identidade; reputação; suporte.
	Departamento responsável pela comunicação: marketing.
	Formas de interação: ferramentas de promoção; relações públicas; assessoria de imprensa.

Públicos de sanção

Mesmo que as unidades produtoras tenham foco primário nos consumidores, existem outros públicos que não participam do processo produtivo, mas aos quais são destinadas, indiretamente, as ofertas. Os públicos de sanção são os seguintes:

Governo e agências reguladoras	Objetivos de comunicação: regulação; propostas de regulação.
	Departamento responsável pela comunicação: marketing.
	Formas de interação: relações públicas; lobistas; assessoria de imprensa.
Concorrentes	Objetivos de comunicação: estabelecimento de condições de oferta de valor.
	Departamento responsável pela comunicação: marketing.
	Formas de interação: assessoria de imprensa; relações públicas.
Mídia	Objetivos de comunicação: contato com clientes; fãs; opinião pública; governo; concorrentes.
	Departamento responsável pela comunicação: marketing.
	Formas de interação: assessoria de imprensa; relações públicas.
Opinião pública	Objetivos de comunicação: consolidação de oferta de valor.
	Departamento responsável pela comunicação: marketing.
	Formas de interação: assessoria de imprensa; relações públicas.

Capítulo 3

Ferramentas de comunicação de marketing

Tradicionalmente, o gerente de marketing conta com cinco ferramentas de comunicação:

- propaganda;
- promoção de vendas;
- venda pessoal;
- relações públicas;
- marketing direto.

Além dessas ferramentas tradicionais, há mais duas ações de comunicação importantes para uma visão integrada da comunicação de marketing:

- negociação – com fornecedores;
- treinamento – de funcionários.

Propaganda

No intervalo comercial de um programa de TV, há diferentes anunciantes presentes. Cada um decidiu, de acordo com seus objetivos de marketing e seus recursos disponíveis, como ocupar aquele espaço da programação. Nesse caso, a emissora não tem qualquer controle sobre o que será comunicado – bem, serviço, instituição ou ideia – ou sobre a mensagem que será passada ao telespectador.

Nos EUA, a Agência Federal de Comércio,[4] entre outras atribuições, responde pela regulação das *propagandas* e recebe eventuais queixas de organizações ou indivíduos quando estes percebem alguma inadequação em propagandas. No Brasil, o Conselho Nacional de Autorregulação Publicitária,[5] entidade não governamental, cuida de impedir que propaganda enganosa ou abusiva cause constrangimento ao consumidor ou às empresas.

---

[4] Em inglês, Federal Trade Comission ou FTC <www.ftc.gov>.

[5] Ver: <www.conar.org.br>.

A propaganda é a forma de comunicação de marketing mais comentada tanto por parte de profissionais da área quanto por parte de leigos. Obviamente, esse excesso de interesse gera muita confusão a respeito de seu correto entendimento. A definição desenvolvida pela Associação Americana de Marketing[6] é uma das mais utilizadas, devido à sua clareza. A AMA considera que propaganda é (Bennett, 1998:384, com adaptações):

> Comunicação paga, impessoal, veiculada por vários meios de comunicação por parte de empresas, organizações sem fins lucrativos e indivíduos – identificados, de algum modo, ao longo da mensagem – que esperam persuadir e/ou informar membros de um público específico. Inclui a comunicação de bens, serviços, instituições e ideias.

A propaganda, portanto, tem seu caráter orientado unicamente pelo anunciante; a mensagem, o meio e o formato são decididos por aqueles que a veiculam. Os meios de veiculação de uma propaganda são muitos:

Televisão, rádio	propagandas veiculadas em intervalos comerciais das programações;
Jornais	propagandas impressas em jornais;
Revistas	propagandas impressas em revistas;
Outdoors	propagandas impressas, expostas em grandes painéis nas vias públicas;
Cartazes, busdoors, folders e filipetas	material impresso pela organização, exposto e/ou distribuído em espaços públicos ou privados;
Instalações, equipamentos próprios e uniformes	apresentação de marca ou produto da organização em equipamentos próprios, tais como: instalações, frota de caminhões ou automóveis, uniformes dos funcionários;
Internet	*banners* e *pop-ups*, além de sites próprios ou mesmo criados exclusivamente para divulgação de produtos ou marcas; são espaços controlados pela organização e disponibilizados no ciberespaço.

A propaganda pode atingir um grande número de públicos, quando veiculada em meios de comunicação de massa, como televisão ou rádio. Também pode ser destinada a públicos específicos, quando é veiculada em meios de comunicação mais orientados, tais como revistas, jornais ou canais de televisão pagos. De qualquer forma, a decisão de comunicação por meio da propaganda deve levar em consideração os recursos disponíveis por parte da organização e os objetivos de comunicação integrados a todas as demais formas de comunicação de marketing. De forma geral, três variáveis, que veremos a seguir, devem ser observadas quando do desenvolvimento de uma ação de propaganda.

---

[6] Em inglês, American Marketing Association ou, simplesmente, AMA.

Atenção

Em um mundo onde os estímulos endereçados aos indivíduos são inúmeros, obter a atenção do público desejado pode se transformar em um grande desafio. De todas as propagandas endereçadas aos diversos públicos, poucas são, efetivamente, percebidas e lidas. Os indivíduos podem sempre mudar o canal durante o intervalo comercial, virar a página do jornal ou da revista, ou fechar o *banner* e o *pop-up* que aparecem em seu computador. Por vezes, as propagandas podem ser até mesmo consideradas invasivas e desagradáveis por parte do público ao qual são endereçadas e, em consequência, rejeitadas. Uma vez que a propaganda consiga atrair a atenção do público desejado, deve ser capaz de gerar *conhecimento* a respeito do que está sendo comunicado.

Propagandas que chamam a atenção são, geralmente, as mais perturbadoras ou as que apresentam elevados níveis de originalidade ou relevância. Por certo, produtos tais como vestuário, alimentação ou produtos de beleza chamam mais atenção do que produtos de limpeza ou tubos e conexões, que despertam pouco interesse por parte de quase todos os públicos.

Lembrança

Além de captar a atenção do público desejado, a propaganda deve ser capaz de gerar alguma lembrança. A propaganda que chama a atenção e captura o interesse do público terá pouco valor se não for capaz de fazer com que esse público a mantenha em sua mente até que a compra do produto (serviço etc.) anunciado seja finalizada. Alimentos que chamam a atenção mas não são capazes de servir como norte ao público têm pouco ou nenhum valor. O indivíduo que está com fome poderá acessar "alimentos" em qualquer lugar, se não conseguir se lembrar da propaganda que lhe dizia onde encontrar determinado produto, ou da propaganda do Ministério da Saúde que orienta a escolha de alimentos saudáveis.

Os profissionais de propaganda têm especial interesse em medir duas variáveis:

- *copy:* capacidade de a propaganda gerar conhecimento sobre um bem, serviço, instituição ou ideia para o indivíduo;
- *recall*: a lembrança do bem, do serviço, da instituição ou da ideia.

Persuasão

De forma geral, a intenção de qualquer ação de propaganda é gerar uma mudança de atitude. Como apontam Burnett e Moriarty (1998), a persuasão é a intenção consciente por parte de uma organização (ou indivíduo) de influenciar ou motivar outra organização (público ou indivíduo) por meio do uso da razão, da emoção ou de ambos.

JOHN BURNETT

Professor de marketing na University of Denver. Foi o primeiro pesquisador a desenvolver trabalhos sobre o consumidor com deficiência. Publicou *Marketing for nonprofits: a strategic approach* e *Introduction to marketing communication: an integrated approach*.

SANDRA ERNST MORIARTY

Professora do programa de marketing de comunicação integrada na pós-graduação pela University of Colorado-Boulder. Também lecionou na Michigan State University e na University of Kansas. Publicou *Driving brand value: using integrated marketing to manage profitable stakeholder relationships*, *Creative advertising* e *Marketing communications*.

GILBERT A. CHURCHILL JR.

Doctor of business administration (DBA) pela Indiana University em 1966. Foi nomeado *distinguished marketing educator* pela Associação Americana de Marketing, sendo o segundo a receber essa honra. Além desse título, coleciona inúmeros outros, como o prêmio da Academy of Marketing (1993) e o prêmio Paul D. Converse (1996). Autor de inúmeros artigos publicados em importantes periódicos especializados em marketing. Autor e coautor de livros como *Marketing: creating value for customers* e *Marketing research: methodological foundations*.

JEAN PAUL PETER

Professor de marketing na Universidade de Wisconsin-Madison desde 1981. Recebeu inúmeros prêmios por sua excelência no ensino. Autor de artigos premiados, publicados nos mais importantes periódicos especializados em marketing. É também autor de mais de 30 livros, entre os quais *A preface to marketing management* e *Marketing management: knowledge and skills*. Membro do conselho revisor de vários periódicos – *Journal of Marketing* e *Journal of Marketing Research*, entre outros –, além de ser editor de publicações da Associação Americana de Marketing.

Em consonância com os objetivos de marketing da organização, os profissionais de propaganda desenvolvem peças de comunicação para divulgação de produtos e serviços. No entanto, para chamar a atenção, acordar lembranças e persuadir alguém a adquirir alguma coisa, é preciso mais – e é por isso que esses profissionais costumam usar apelos de grande poder de persuasão perante o(s) público(s) que lhes interessa(m). Esses apelos são classificados de quatro formas (Churchill e Peter, 2005):

1. Apelos racionais – relacionados ao próprio interesse do público, procuram mostrar que o produto fornecerá os benefícios desejados. Propagandas que utilizam esse tipo de apelo normalmente tratam da durabilidade do produto ou do seu baixo consumo de energia, por exemplo. O foco é sempre a percepção objetiva de valor – foco na relação entre benefícios e custos.

2. Apelos emocionais – buscam associar determinados sentimentos aos produtos, isto é, procuram levar clientes a experimentar emoções positivas, amor,

orgulho, alegria e humor, por exemplo, ou negativas, medo, a fim de motivar a compra.
3. Apelos morais – procuram convencer a audiência de que usar um produto ou aceitar uma ideia é a coisa certa ou moralmente adequada a se fazer, ou seja, tais apelos buscam influenciar a percepção do público a respeito do que é certo e apropriado. Propagandas com apelos morais são utilizadas para incentivar o público a apoiar causas sociais e a realizar atividades que não realizaria espontaneamente, por exemplo, doação de sangue, vacinação etc.
4. Apelos sexuais – propagandas com apelo sexual sugerem que o uso de determinado produto tornará o consumidor mais atraente e sensual. Um caso muito conhecido é o do desodorante Axe, que mostra mulheres atraídas pelo consumidor que usa o produto. No Brasil, o uso de apelos sexuais em propagandas de bebidas alcoólicas e cigarros foi banido pelo Conar.

CONSELHO NACIONAL DE AUTORREGULAMENTAÇÃO PUBLICITÁRIA (CONAR)

Organização não governamental, fundada em São Paulo (Brasil) no ano de 1980, que tem por responsabilidade estabelecer e aplicar as normas éticas do Código Brasileiro de Autorregulamentação Publicitária, evitando a veiculação de anúncios e campanhas com conteúdo enganoso, ofensivo, abusivo ou que desrespeitem, entre outros, o direito à concorrência.

Possui estatuto e diretoria próprios e recebe reclamações de consumidores, autoridades públicas e de seus associados – empresas anunciantes, agências de publicidade e veículos de comunicação. Seu Conselho de Ética é formado por publicitários e por representantes da sociedade civil, todos voluntários, que se reúnem em câmaras, nas cidades de São Paulo, Rio de Janeiro, Porto Alegre e Brasília

PHILIP KOTLER

Doutor em Economia pelo Massachusetts Institute of Technology, professor de marketing internacional na Kellogg Graduate School of Management, da Northwestern University. É considerado o *pai* do marketing, tendo definido seus princípios elementares e dedicado boa parte de seu tempo à pesquisa e ao estudo para promover sua difusão. Kotler considera o marketing a essência da empresa, afirmando que ele *é importante demais para ser feito apenas pelos marqueteiros*. Por consequência, todos os profissionais da organização devem fazer marketing e este deve ser o timoneiro da empresa.

GARY ARMSTRONG

PhD em marketing pela Northwestern University, é professor emérito de graduação na Kenan--Flagler Business School, da Universidade da Carolina do Norte, em Chapel Hill. Trabalhou como consultor e pesquisador para muitas empresas nas áreas de pesquisa de marketing, gerenciamento de vendas e estratégia de marketing. Sua verdadeira paixão, porém, é ensinar. Recebeu inúmeros prêmios por seu trabalho nessa área, sendo o único professor a ter recebido, mais de uma vez, o prestigioso prêmio Excellence in Undergraduate Teaching.

De forma consolidada e objetiva, Kotler e Armstrong (2000) definem como principais objetivos da propaganda:

- *informar* sobre o produto e a organização;
- *estimular* a compra no curto prazo e a preferência pela marca;
- *lembrar* onde adquirir o produto e *fixá-lo* na mente para os períodos de baixa demanda.

A propaganda também pode ser utilizada para atingir públicos internos, como funcionários ou futuros colaboradores. As organizações procuram as melhores cabeças e acabam por realizar uma disputa dentro do mercado de trabalho; as propagandas de processos de recrutamento e seleção de estagiários, *trainees*, funcionários plenos e até mesmo executivos são normalmente veiculadas em espaços de comunicação específicos, tais como *cadernos de emprego de jornais*, *seções de revistas* ou mesmo no site da organização. Também são comuns os *cartazes afixados* nos corredores de instituições de ensino tecnológico, de graduação ou de pós-graduação. Trata-se, pois, de ações de propaganda da organização que não estão voltadas para clientes ou fãs, mas para o público interno.

FIGURA 15: PROPAGANDAS DE RECRUTAMENTO E SELEÇÃO DE *TRAINEES* E FUNCIONÁRIOS

Venha construir sua história de sucesso conosco!

**Programa de
Trainees 2013**

**Seleção de trainees 2013
Inscrições de 11/11/2012 a 12/12/2012**

Você vai ficar de fora?

Outras ações de propaganda são desenvolvidas para o público interno a partir do departamento de gestão de pessoas. Com base nos objetivos de marketing da organização, o gerente de pessoas pode perceber a necessidade de atrair os funcionários para determinada ação ou motivá-los para que atinjam determinado objetivo de marketing. A propaganda interna pode ter como objetivo mais direto a motivação do funcionário ou a mudança de suas atitudes no trabalho.

Dada a importância dos funcionários para o alcance de seus objetivos de marketing, a administradora do Plaza Shopping, BrMalls, criou um programa de treinamento para melhorar o atendimento dado por seus funcionários. Uma peça fundamental desse programa foi a comunicação com estes, como se vê na figura 16.

FIGURA 16: CAMPANHA INTERNA DA BRMALLS PARA TREINAMENTO NO ATENDIMENTO AOS CLIENTES DO PLAZA SHOPPING

Prêmios e sorteios!
Quer saber como ganhar?
Participe do nosso workshop
Atendimento nota 1.000.
Inscrições no endereço www.rh.plaza.org, de 2/11/2012 a 12/11/2012

Promoção de vendas

Em algumas situações, é necessário que a organização atinja seus objetivos em curto espaço de tempo. Assim, uma loja pode estar com excesso de estoques ou os pátios das montadoras, abarrotados de automóveis; um museu pode estar interessado em aumentar a visitação a uma exposição cujo acervo, móvel, deixará a cidade; hemocentros podem precisar de mais doações de sangue porque há um período com maior incidência de acidentes ou uma epidemia na região. Para todos esses casos, é necessário um esforço de comunicação que traga resultado rápido. A propaganda pode ser utilizada, mas pode não trazer os resultados esperados, dadas as suas características (tempo necessário para criação e veiculação; objetivos de marketing, em geral de caráter mais amplo), de modo que, por ser necessária uma comunicação mais rápida, é preciso utilizar a *promoção de vendas*.

> **CONCEITO-CHAVE**
>
> A promoção de vendas é uma ferramenta de comunicação de marketing geralmente utilizada para públicos de saída; ela consiste em incentivos de curto prazo para estimular o alcance de um objetivo também de curto prazo, como a venda de um produto. Como expõem Kotler e Keller (2006), enquanto a propaganda oferece uma razão para a ação de um público, a promoção de vendas oferece um incentivo.

FIGURA 17: EXEMPLOS DE PROMOÇÃO DE VENDAS – LIQUIDAÇÃO

> **KEVIN LANE KELLER**
>
> Professor de marketing da Tuck School of Bussines da Dartmouth College, onde leciona nos cursos de MBA em Gestão em Marketing e Gestão Estratégica, além de ministrar palestras em programas executivos sobre o assunto. Anteriormente, atuava no corpo da Graduate School of Business da Universidade de Stanford, da qual também foi chefe de marketing. Reconhecido como um dos líderes internacionais no estudo de marcas, *branding* e gestão estratégica da marca, Keller realiza uma série de estudos que abordam construção, medição e gerenciamento de *brand equity*. Seu livro, em coautoria com Kotler, *Gestão do marketing estratégico*, tem sido adotado em escolas superiores de negócios e em empresas líderes de todo o mundo, além de ter sido anunciado como a bíblia do marketing. Seu interesse específico de pesquisa está em como as teorias de compreensão e conceitos relacionados com o comportamento do consumidor podem melhorar as estratégias de marketing.

A promoção de vendas pode vir em encartes nas revistas e nos jornais ou em ações que envolvam a comunicação nos pontos de venda (*displays,* cartazes etc.). Em ambos os casos, o foco está localizado em objetivos de curto prazo. A comunicação que estimula o consumidor a realizar a compra pode estar presente na vitrine ou mesmo dentro do ponto de venda, como se vê na figura 18.

PÚBLICOS DE SAÍDA

Os esforços de comunicação de marketing dedicados a esses públicos – clientes, canais e fãs – acontecem depois da etapa de produção, quando a organização quer ofertar bens ou serviços.

DISPLAY

Elemento destinado a promover, apresentar, expor, demonstrar e ajudar a vender qualquer produto ou serviço, podendo ser colocado diretamente no solo, vitrine, balcão e gôndola.

FIGURA 18: EXEMPLOS DE PROMOÇÃO DE VENDAS NO PONTO DE VENDA

Podem ser dados ainda descontos nos preços de bens ou serviços, além de brindes e prêmios. Os tradicionais "leve 2 e pague 1" ou "leve 2 e ganhe um brinde" são exemplos de promoção de vendas diretamente no ponto de venda.

FIGURA 19: EXEMPLOS DE PROMOÇÃO DE VENDAS NO
PONTO DE VENDA – BRINDES E PRÊMIOS

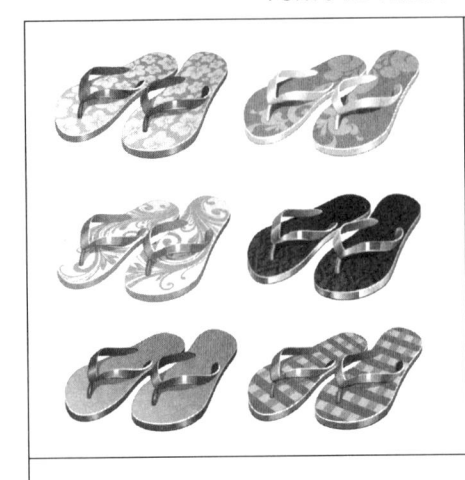

Leve 2
pares
e pague
somente 1!

Leve ao mercado qualquer embalagem vazia dos produtos HUC e concorra a um carrinho cheio!

Ainda com foco no cliente, também são utilizadas ações de promoção de vendas que contam com a presença de profissionais contratados para apresentar o produto e oferecer uma amostra. Amostras podem estimular o consumo e gerar vendas imediatas. Essas ações são denominadas *merchandising* e é importante não confundi-las com o uso de produtos em produções artísticas, denominado *product placement*, pois os objetivos são diferentes: quando o ator está bebendo determinado refrigerante em um filme ou novela da TV (*product placement*), o objetivo é despertar no consumidor a vontade de adquirir o produto; quando o produto é apresentado no ponto de venda (*merchandising*), o objetivo é vendê-lo já no local. Ações de *merchandising* podem incorporar prêmios ou brindes e aumentar ainda mais a probabilidade de venda do produto.

FIGURA 20: EXEMPLOS DE PROMOÇÃO DE VENDAS NO PONTO DE VENDA – *MERCHANDISING*

Quando focados em consumidores organizacionais, os objetivos da promoção de vendas são: gerar indicações e negócios; estimular compras; recompensar clientes e motivar a equipe de vendas. Para tanto, as principais ações envolvem participação em convenções e feiras comerciais, bem como concurso dirigido à equipe de vendas a fim de motivá-la.

As ações de promoção de vendas também podem ser utilizadas com foco nos canais. Atualmente, a pressão sobre os gerentes de produto para elevação do desempenho de vendas é maior, as organizações, principalmente empresas, enfrentam maior competição, a eficiência da propaganda tem declinado se comparada à multiplicidade de fontes de informação a que os públicos têm acesso. Assim, elevar as vendas no curto prazo ou ajudar a construir participação de mercado no longo prazo está mais difícil; é necessário que os canais se tornem uma extensão das organizações.

As ações de promoção de vendas focadas em canais podem ter como objetivos: vender novos itens e aumentar o estoque da marca; promover o produto ou a marca; dar mais espaço ao produto na prateleira ou na gôndola; estimular compras antecipadas.

As ferramentas de promoção de vendas mais utilizadas são:

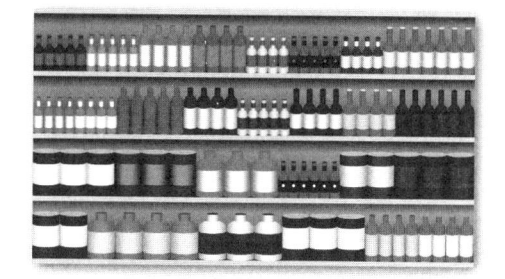

1. Descontos, que podem ser usados para auferir lucros imediatos, fazer campanha publicitária ou reduzir o preço para o comprador.
2. Taxa promocional pela concessão de espaço na loja para propaganda ou *displays*.
3. Cessão de mercadorias grátis.

4. Destinação de verba de incentivo às vendas.
5. Brindes promocionais.

Mesmo utilizados em conjunto com a propaganda e/ou com a venda pessoal, os esforços de promoção de vendas têm vida curta, razão pela qual as decisões precisam ter definido desde o início: o tamanho do incentivo que será lançado; as condições de participação de consumidores e canais; a duração do programa; a forma de avaliação do programa de promoção.

Venda pessoal

Outra ferramenta de comunicação de marketing que pode ser utilizada é a venda pessoal. Essa ferramenta está baseada na comunicação direta com públicos realizada por uma pessoa: o vendedor. Denominado, em algumas situações, *representante de vendas* ou *consultor de vendas*, esse profissional, quando faz venda pessoal, apresenta as características do bem ou serviço ao consumidor, responde a eventuais dúvidas que surjam e desenvolve um relacionamento que enseja vendas frequentes ao longo do tempo.

Ao contrário da promoção de vendas, que está focada em ações de curto prazo, a venda pessoal tem como base a construção de um relacionamento de longo prazo com o cliente. A expectativa nesse ponto é que o vendedor consiga manter contato constante com o público e sirva como referência permanente entre este e a organização. Entretanto, nem sempre a tarefa do vendedor é entendida dessa forma. Para Ogden (2002), podem ser apontados três tipos de venda pessoal: *venda pesada*, *venda sutil* e *venda consultiva*.

Venda pesada	O vendedor usa de sua capacidade de persuasão para fechar uma venda. Ele tem como principal objetivo realizar aquela venda e vê o cliente como um oponente.
Venda sutil	O vendedor procura criar uma empatia entre o cliente e a organização e fornece informações suficientes para que o comprador veja na compra um processo simples e sem risco. Nesse sentido, podem ser fornecidos pelo vendedor orçamentos gratuitos, amostras, demonstrações de bens ou serviços ou consultas a respeito dos resultados esperados pelo cliente.
Venda consultiva	É uma forma mais sofisticada de persuasão, baseada em uma abordagem mais amigável. O vendedor procura ganhar a confiança dos clientes e os ajuda a encontrar soluções lucrativas para ambas as partes.

O processo de venda consultiva é dividido em quatro etapas:

QUADRO 1: ETAPAS DO PROCESSO DE VENDA CONSULTIVA

1	Identificação do problema do cliente.
2	Determinação do orçamento disponível pelo cliente para resolver o problema.
3	Definição da forma de resolução do problema no que diz respeito a benefícios para o cliente, sem desconsiderar o retorno da organização.
4	Consolidação da posição do vendedor como provedor de soluções para o cliente.

Além disso, podem ser realizadas apresentações pessoais com o propósito de comunicar características de um produto ou de uma organização. Nesse caso, mesmo que o objetivo de vendas não seja alcançado, podem ser desenvolvidos relacionamentos com futuros clientes. Assim, participações em feiras, eventos e seminários podem ser entendidas como aplicações de venda pessoal.

Relações públicas

A atividade de relações públicas é uma ferramenta de comunicação de marketing bastante subestimada pelos estudantes. Em geral, não tem a visibilidade das propagandas ou das atividades de promoção de vendas, mas tem importância para qualquer organização. De forma geral, o objetivo do profissional de relações públicas é gerar boa vontade para com a organização perante seus mais diversos públicos, desde fornecedores até a opinião pública.

JAMES R. OGDEN

Professor e consultor norte-americano. PhD e mestre em marketing pela The University of Northern Colorado e Colorado State University, respectivamente. Atua com professor de marketing na Kutztown University of Pennsylvania e como CEO na consultoria The Doctors Ogden Group. Publicou, entre outras obras, *Comunicação integrada de marketing: conceitos, técnicas e práticas*.

CONCEITO-CHAVE

Segundo Kotler e Armstrong (2000), a atividade de relações públicas pode ser definida como uma forma não paga de promoção pelo desenvolvimento de boas relações com os diversos públicos, cujo propósito é a construção de uma imagem corporativa favorável.

É possível diferenciar duas formas distintas de atuação do relações-públicas de uma organização: uma ligada diretamente ao uso da mídia (o que o aproxima da propaganda) e outra mais ligada a ações pontuais, tais como *lobby* com públicos específicos, ações de comunicação social em comunidades específicas ou atendimento direto a públicos específicos em determinadas situações.

Quando faz uso da mídia, a organização não compra espaço, mas mecanismos de estímulo à veiculação da mensagem que deseja transmitir.

> **EXEMPLO**
>
> Imagine, por exemplo, quando há um acidente em uma planta fabril. Em casos como esse, haverá interesse da imprensa em realizar a cobertura do fato, visto que o assunto pode ser de interesse da sociedade. É necessário que a organização se manifeste a respeito para evitar ao máximo que sua imagem seja denegrida e consiga, apesar de tudo, mostrar-se preocupada e capaz de lidar com as eventuais consequências. É responsabilidade do relações-públicas da empresa lidar com esse tipo de situação.
> Em outra ocasião, a organização pode estar lançando um produto de beleza de interesse de mulheres em todo o país. A área de relações públicas deverá procurar a produção de programas de televisão femininos para tentar apresentar as soluções de beleza que a mulher poderá acessar a partir de seu produto.

Quando não há pagamento pelo horário dispensado à apresentação de um produto em um programa de televisão, acontece a publicidade. Função do setor de relações públicas, seu objetivo é dar notícias da empresa e de seus produtos, ou suas marcas, ou ocupar o espaço de informação nas diversas mídias. As informações chegam à imprensa por meio de informativos (*press releases*), entrevistas coletivas, relatório de atividades e apresentação prévia do produto. A imprensa, por sua vez, publica essas informações porque os fatos têm valor jornalístico.

> **PRESS RELEASES**
>
> Documentos divulgados por assessorias de imprensa para informar, anunciar, esclarecer sobre algum fato. Declaração pública oficial e documentada do assessorado, também chamada de comunicado de imprensa.

De forma geral, pode-se apontar como responsabilidade do relações-públicas:

a)	divulgação de notícias – estimulada pela assessoria de imprensa;
b)	elaboração de discursos – palestras dos executivos em associações comerciais ou quaisquer manifestações oficiais da organização;
c)	organização de eventos especiais – coletivas de imprensa, inaugurações, lançamentos etc.;

Continua

d)	confecção de materiais impressos – boletins informativos, artigos, revistas da organização etc.;
e)	produção de materiais audiovisuais – filmes corporativos;
f)	desenvolvimento de materiais de identidade corporativa – cartões de visita, uniformes, logotipos em carros da organização etc.;
g)	criação e manutenção de espaço na web – site com informações úteis ao usuário.

EXEMPLO

Assim, quando um jornal noticia que o novo *iPad* estará disponível nas lojas brasileiras, nem a empresa e tampouco seus consumidores pagaram para ocupar espaço na mídia. Houve um esforço do setor de relações públicas para gerar a notícia e dar publicidade à organização.

Muitas organizações realizam eventos próprios, desde cafés da manhã para apresentar novos produtos até megaeventos – como o vídeo de lançamento do iPhone, mencionado no capítulo 2 – para os quais convidam os mais diversos públicos. O objetivo é abastecer os veículos de informação – jornais, revistas, portais de informação, redes de TV etc. – com possíveis notícias a respeito de seus produtos, ou suas marcas.

Em termos de comunicação de marketing, a principal vantagem de ações como essas é a geração de credibilidade e a consolidação da marca, pois a mensagem da organização chega como notícia aos seus públicos, e não como propaganda – que é paga. É comum as pessoas conversarem sobre matérias que leram em jornais ou revistas semanais, sem nem mesmo perceber que aquelas foram retiradas de encontros entre jornalistas e relações-públicas, cujas funções, por exemplo, promover produtos, pessoas, lugares, ideias, atividades, organizações, nações etc., que podem causar impacto na conscientização do público a um custo inferior ao da propaganda.

COMENTÁRIO

Recentemente, a imprensa noticiou uma das maiores descobertas da física: o bóson de Higgs, ou "partícula de Deus". A equipe do Grande Colisor de Hádrons (LHC) precisou do trabalho do relações-públicas para divulgar essa descoberta. Mesmo sendo uma imensa conquista da ciência, sem a veiculação nas diversas mídias a equipe de físicos dificilmente teria o reconhecimento da sociedade e, consequentemente, seus fundos poderiam ser cortados. Essa situação mostra que a divulgação dos resultados de uma pesquisa é fundamental para sua continuidade.

> **CONCEITO-CHAVE**
>
> Outra atividade de comunicação importante, capitaneada pelo relações-públicas, é o *lobby*. Nem sempre assumido, mas quase sempre realizado, o *lobby*, ou gerenciamento de interesses públicos, é o gerenciamento das comunicações junto a representantes eleitos e entidades reguladoras (Ogden, 2002). Os profissionais de relações públicas podem desenvolver ações de informação ao setor público a respeito de certas atividades e de como contribuem para o bem público. Ainda pode ser do interesse do relações-públicas influenciar entidades governamentais para que liberem ou limitem determinadas atividades a partir de legislação relacionada. No Brasil, a atividade de *lobby* é ilegal, mas, ainda assim, praticada, em geral por escritórios de relações públicas independentes.

As atividades de propaganda institucional e de patrocínio, mesmo sendo atividades de comunicação pagas, também são enquadradas como atividades de relações públicas. A propaganda institucional tem como objetivo difundir mensagens do relações-públicas. Para realizar tal tarefa, esse profissional geralmente recorre a informes publicitários, que têm os contornos da publicidade, mas utilizam espaço pago em veículos de informação.

> **CONCEITO-CHAVE**
>
> O patrocínio é o apoio a eventos ou organizações que trazem vantagens diretas ou indiretas ao patrocinador. A ideia que está por trás do patrocínio é transferir atributos valorizados da organização ou do evento patrocinado para a organização patrocinadora.

> **EXEMPLO**
>
> No caso de corridas de automóveis, por exemplo, a exposição das marcas empresta aos patrocinadores algumas das características do patrocinado – velocidade, emoção, durabilidade etc. De forma semelhante, o patrocínio a eventos musicais transfere ao patrocinador as características dos patrocinados – alegria, sofisticação, qualidade técnica etc.

Marketing direto

Comumente chamado de "marketing de relacionamento", o marketing direto é um conjunto de ações de comunicação relacionadas a estratégias de estabelecimento de relações com consumidores para obter respostas imediatas.

Segundo Ogden (2002:80), os objetivos do marketing direto são:

a)	reter clientes atuais – visto que é mais fácil e barato reter o cliente do que encontrar um novo, ações de marketing direto podem ser direcionadas para esse objetivo. Dessa forma, são desenvolvidos programas de fidelidade, clubes de clientes ou outras formas de comunicação direta entre organização e cliente;

Continua

b)	induzir à experimentação do produto ou à troca de marca – de posse do acesso a um banco de dados de clientes, a organização pode enviar a estes amostras ou cupons a fim de despertar o interesse pela experimentação do produto; o cliente pode ser induzido a trocar de marca via experimentação;
c)	aumentar o volume de vendas – *newsletters*, informativos ou programas de fidelidade podem ser utilizados para encorajar o consumo adicional de um produto ou serviço;
d)	vender por meio de resposta direta – propagandas orientadas podem gerar vendas diretas via telefone ("ligue agora e pague apenas R$ 100,00") e passar a ser um dos objetivos de marketing da organização se os clientes forem sensíveis ao apelo. Também podem ser utilizados como ferramentas de marketing direto catálogos, operações via internet e o telemarketing ativo, que é a abordagem ativa do vendedor a um possível cliente por meio de telefone. Cabe destacar que, nesse contato, a venda é tratada de modo personalizado pelo vendedor.

NEWSLETTERS

Meio de comunicação, boletim informativo distribuído, periodicamente, a determinado público. Em geral, aborda um assunto específico, restrito a alguma área de conhecimento. É veiculado na forma impressa e/ou digital.

TELEMARKETING

Canal de comunicação entre a empresa e o mercado via telefone. Inicialmente, o telemarketing destinava-se a promoção de vendas e serviços. No entanto, com a expansão das telecomunicações, com a privatização de algumas empresas e o desenvolvimento da informática na década de 1990, telemarketing passou a abranger outros serviços, como cobranças por telefone, atendimento ao consumidor e suporte técnico. O telemarketing pode ser ativo (*out bound*) ou receptivo (*in bound*). No primeiro, os operadores de telemarketing ligam para os possíveis clientes; já no telemarketing receptivo, apenas recebem ligações.

Capítulo 4

Comunicação integrada e objetivos de marketing

Introdução

O desafio do gestor de marketing reside na integração de todas as ações de comunicação com seus diferentes públicos. Somente assim a proposta de entrega de valor da organização será realizada de forma concreta e completa.

Para que as ações de comunicação possam ser integradas, é necessário que os objetivos de comunicação sejam, por sua vez, integrados aos de marketing. Para este, a relação entre unidades produtoras e unidades consumidoras está baseada em trocas, a partir de cuja realização as unidades consumidoras obtêm os bens, ou serviços, que satisfazem suas necessidades e as produtoras obtêm retorno, lucros, aumento da audiência ou alguma forma de retorno definida previamente, por exemplo.

Por essa ótica, a relação entre unidades consumidoras e produtoras está baseada no valor oferecido no mercado. A identificação da oferta de maior valor é realizada pelo consumidor com base no processamento das informações que ele detém e cuja apresentação é realizada por meio do processo de comunicação de marketing.

Conforme proposto por Kotler (1972), o marketing é uma perspectiva útil para qualquer organização que produza bens ou serviços com a intenção de consumo por parte de outros. Dessa forma, a gestão de marketing passa a ser relevante em todas as situações em que a organização pode identificar grupos de clientes e produtos amplamente definidos.

As ações de comunicação não podem ser definidas à revelia dos objetivos de marketing da organização, sob pena de ficar comprometida sua oferta de valor. Dessa forma, depois de construir uma orientação para a organização – visão e missão estratégicas – e analisar o ambiente em que ela está inserida – análise ambiental –, a gestão de marketing define um *posicionamento* para a organização. Esse posicionamento deve considerar as características do segmento-alvo para o qual a oferta, sua atratividade, as competências e os recursos da organização serão direcionados.

FIGURA 21: POSICIONAMENTO DA ORGANIZAÇÃO

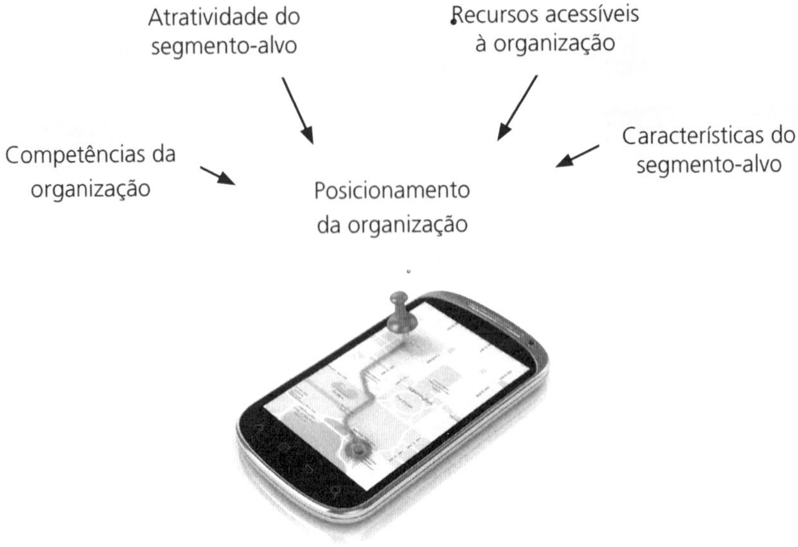

```
    Atratividade do          Recursos acessíveis
    segmento-alvo              à organização
                  ↘         ↙
  Competências da                        Características do
    organização  →  Posicionamento  ←    segmento-alvo
                     da organização
```

A partir das diferentes demandas com as quais a organização se depara, são avaliados os diferentes níveis de atratividade dos segmentos, bem como suas características. Essa atratividade é comparada às competências e aos recursos de que a organização dispõe, a fim de ser definido um segmento-alvo e as estratégias de atuação pertinentes. Esse passo é crucial para o sucesso da organização, uma vez que segmentos mais atraentes podem demandar recursos e competências de que ela não dispõe, e isso pode ser fatal: há inúmeros casos de organizações que perceberam oportunidades em segmentos muito atraentes, iniciaram suas operações, mas não foram capazes de sustentar a posição depois que outras organizações, dotadas de recursos e competências superiores, perceberam que também poderiam fazer ofertas a esses segmentos. Na maioria das vezes em que as organizações com menor quinhão de recursos decidiram persistir, o resultado foi o encerramento de suas operações.

O posicionamento, portanto, tem a função de balizar as ações de marketing e, por extensão, também as de comunicação. Dessa forma, estas passam a ter uma conotação estratégica.[7]

Cabe destacar que, durante o processo de planejamento de marketing, as questões relacionadas à comunicação, tais como as que envolvem relação com fornecedores, atração de investidores ou comunicação com clientes, por exemplo, dada sua importância para o processo, não podem ser desconsideradas na observação do ambiente de marketing.

---

[7] Para efeito de discussão a respeito da comunicação integrada de marketing, não foi realizada aqui uma análise detalhada do ambiente de marketing da organização. A ênfase está localizada, mais especificamente, nos processos de comunicação ou em aspectos ambientais em que haja uma possível relação com esses processos.

O plano de comunicação integrada de marketing

Conforme explicitado por Burnett e Moriarty (1998), a comunicação de marketing é o processo de comunicar, efetivamente, informação (a respeito do produto) ou ideias para públicos específicos. Estes, por sua vez, recebem mensagens de marketing a fim de ativar seu potencial de resposta e servir de reforço às estratégias de marketing da organização.

Para Shimp (2009), todas as comunicações de marketing devem:

- ser direcionadas para um mercado-alvo específico (segmento);
- estar claramente posicionadas;
- ser criadas para atingir um objetivo específico;
- ser realizadas de modo a atingir esse objetivo dentro de um limite orçamentário.

A análise a respeito dos públicos de comunicação da organização serve como ponto de partida para a definição de objetivos de comunicação. Como foi visto ao longo do capítulo 2, esses públicos – com diferentes tipos de objetivos e relações – podem, de várias formas, interferir na oferta de valor da organização.

> **TERENCE SHIMP**
>
> Doutor pela University of Maryland, mestre pela University of Kentucky. Atua como professor na University of South Carolina. Publicou, entre outras obras, *Advertising, promotions, and other aspects of integrated marketing communications*, *Marketing: best practices* e *Marketing: an interactive learning system*.

Públicos e objetivos de comunicação de marketing

1	Investidores – A organização deve contar com o relações-públicas para manter-se atraente, a fim de receber investimentos, pois disso depende grande parte dos recursos que podem ser disponibilizados para ela.
	Cabe destacar que a oferta de valor da organização, por estar intimamente ligada à sua capacidade de financiamento, faz parte de seus objetivos de comunicação com investidores. Também é interessante destacar o *posicionamento*, uma vez que investidores podem ser recompensados, indiretamente, pelos investimentos em organizações cujos posicionamentos sejam positivos para a sociedade.

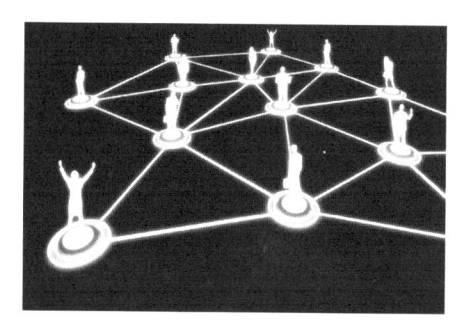

Continua

2	Funcionários – O processo produtivo e o ponto de encontro entre clientes e organizações estão nas mãos dos funcionários. Além dos objetivos de comunicação voltados para a atração dos melhores quadros, é necessário manter os funcionários motivados, razão pela qual devem ser desenvolvidos objetivos de comunicação de marketing que contemplem esse ponto. Como os funcionários também são responsáveis pela imagem da organização, assim que esta define seu posicionamento, deve também ser definido o perfil do funcionário que fará parte dela.
3	Fornecedores – O relacionamento com fornecedores pode ser a fonte de insumos que garante a qualidade do que é ofertado pela organização. Além disso, podem ser construídos planos de comunicação que tenham como objetivo definir padrões de manipulação, beneficiamento e entrega desses insumos à organização. Em muitos casos – tais como alimentos para restaurantes, componentes químicos para indústria farmacêutica –, esse é um momento crítico para a oferta de valor da organização.
4	Governo e agências reguladoras – Em muitos casos, é necessário manter um contato permanente com órgãos governamentais e agências reguladoras como forma de garantir a entrega de valor por parte da organização. Saliente-se que algumas organizações utilizam o *lobby* para que mudanças na legislação ou na regulação sejam feitas com o objetivo de beneficiá-las ou impedir que concorrentes entrem no mercado.
5	Mídia – O contato com a mídia é fundamental e deve ser realizado de forma permanente. A mídia serve como ponte para outros públicos – fãs, clientes, concorrentes etc. – e pode amplificar o resultado de ações de comunicação.
6	Concorrentes – Os objetivos de comunicação com os concorrentes estão relacionados ao desenvolvimento de padrões de concorrência que sejam favoráveis à organização. Normalmente, as ações de comunicação voltadas para os concorrentes acontecem a partir de eventos abertos ou por meio da mídia.
7	Opinião pública – Também é papel do relações-públicas manter a opinião pública corretamente informada a respeito da organização e dos produtos que esta oferece no mercado. Ao ter controle sobre as informações que chegam à opinião pública, a organização pode construir uma imagem institucional que lhe seja mais positiva.
8	Canais – Os objetivos de comunicação com os canais estão relacionados à preparação para apresentação e utilização de produtos que serão ofertados pela organização aos consumidores. Esse elo é fundamental, pois pode interferir de forma profunda na intenção de compra do consumidor. Não são poucos os casos em que o cliente parte para o mercado em busca de determinado produto e volta com outro, porque foi melhor informado no ponto de venda deste último.

Continua

9	Clientes – Os objetivos de comunicação com os clientes estão relacionados às atividades que promovem, abertamente, a oferta de valor da organização: propaganda, venda pessoal, promoção de vendas e marketing direto. Para alcançar seus objetivos, a organização se utiliza de agências de publicidade que desenvolvem as peças promocionais.
10	Fãs – Fortemente abastecidos de informação por parte da mídia, também podem ser alvo de comunicação especificamente criada para eles. Fãs podem difundir na sociedade determinadas informações a respeito de um produto e costumam ser alvo de acompanhamento de comunicação mais atento e direto. Não são poucas as organizações que monitoram redes sociais e estimulam tópicos de conversação que lhes interessam como parte de uma estratégia de comunicação de marketing.

Dessa forma, o plano de comunicação de marketing deve levar em conta:
1. Visão e missão da organização.
2. História da organização.
3. Imagem corrente da organização.
4. Ambiente de marketing no qual a organização está inserida.
5. Posicionamento da organização.
6. Objetivos de marketing – definidos com base no posicionamento determinado pela organização.
7. Imagem desejada pela organização.

A análise do ambiente de marketing mais dedicada à comunicação integrada de marketing é baseada nas relações entre a organização e seus públicos de *entrada*, *sanção* e *saída*. Dessa forma, o gerente de marketing deve executar algumas tarefas de análise para o planejamento de comunicação:

Análise de tendências internas e externas para identificar possíveis situações em que a capacidade da organização de executar suas tarefas pode ser afetada.

1. Auditoria para determinação das áreas de gastos com comunicação existentes na organização.
2. Identificação dos pontos de contato para a empresa e suas marcas.
3. Planejamento de comunicação para as equipes.
4. Desenvolvimento de temas, tons e qualidade compatíveis em todas as mídias.
5. Estabelecimento de medidas de desempenho compartilhadas por todos os elementos de comunicação.

O gerente conta com as cinco ferramentas de comunicação de marketing – propaganda, promoção de vendas, venda pessoal, relações públicas e publicidade, marketing direto – para atender ao planejamento de marketing da organização. Apesar disso, nem sempre todos os objetivos são alcançados em razão de as organizações terem restrições orçamentárias, fato que implica a necessidade de discutir o orçamento de comunicação.

Como aponta Shimp (2009), os objetivos de comunicação de marketing devem ser definidos *antes* das tomadas de decisão de implementação – escolha de mensagens, escolha de mídia e combinação de ações de comunicação de marketing. Esta é uma condição necessária, mas não suficiente, para que haja integração dessas ações, de modo que é necessário que os gerentes e a direção de marketing definam o sentido estratégico da comunicação, que tem de ser alinhado ao posicionamento estratégico da organização.

A partir da definição dos objetivos de comunicação de marketing, são definidas as mensagens, as mídias e o orçamento de comunicação da organização. É também com base nos objetivos traçados para a comunicação de marketing que são definidos os padrões para avaliação de resultados.[8]

O orçamento de comunicação

Uma vez definidas as necessidades de ações de comunicação de marketing, é necessário determinar a quantidade de dinheiro necessária para atender o melhor possível aos objetivos de comunicação da organização. Se o orçamento for superestimado, haverá desperdício de recursos; por outro lado, se for subestimado, haverá perda de vendas, de participação de mercado e, consequentemente, diminuição do retorno para a organização. Diversas técnicas são utilizadas pelos gestores. As mais populares são as abordadas a seguir.

1.	*Método da porcentagem de vendas* – De forma bastante simples, o gestor aloca uma porcentagem de recursos para as ações de comunicação de produtos da organização de acordo com as vendas passadas ou com as perspectivas futuras de vendas. O método está baseado na ideia de que há uma relação direta e positiva entre o gasto em comunicação e o resultado das vendas. Assim, um produto que gera faturamento de R$ 1 milhão e tem orçamento de comunicação baseado em um percentual de vendas de 5%, terá R$ 50 mil para gastos.
	Esse método é muito simples e objetivo, mas condena produtos ou serviços com vendas menores a ficar sempre em um segundo plano de comunicação. Ocorre que pode ser mais interessante para a organização aumentar o gasto com ações de comunicação de produtos que têm vendas baixas em determinado momento, devido aos seus interesses estratégicos – dominar determinada fatia de mercado, dificultar a entrada de concorrentes etc. Uma variação do método da porcentagem de vendas é o *método de porcentagem do lucro*. De forma análoga, é destinado percentual de recursos para ações de comunicação de marketing de acordo com o lucro gerado pelo produto ou serviço, mas sem considerar o total das vendas no mercado.

Continua

---

[8] Esses padrões dão mais objetividade ao estabelecimento de critérios mensuráveis de avaliação.

2.	*Método do objetivo e tarefa* – Para Ogden (2002), este é o método mais adequado para se construir um orçamento de comunicação. Nesse caso, o gestor especifica as ações de comunicação de forma detalhada no plano de marketing e apresenta os resultados esperados – que dão a base para o orçamento de comunicação. Para tanto, é necessário (Ogden, 2002:31): • especificar o objetivo de marketing a ser atingido – lucro, vendas, participação de mercado, crescimento em determinado segmento etc.; • especificar as variáveis do composto de comunicação necessárias para atingir o objetivo estabelecido, ou seja, é necessário definir quais ações de comunicação – propaganda, venda pessoal etc. – serão realizadas e de que forma isso ocorrerá; • especificar o papel de cada uma das variáveis de comunicação para o alcance do resultado esperado – por exemplo, o investimento em propaganda trará determinado resultado; este, combinado com o investimento em marketing direto, chegará ao resultado esperado; • determinar metas – mensuráveis e quantificáveis – de alcance dos objetivos ao longo do tempo; • orçar custos de comunicação com base no tempo real necessário para atingir os objetivos desejados.
3.	*Método da paridade competitiva* – Com base nos gastos da concorrência, é determinado o orçamento de comunicação da organização. Esse método está baseado na ideia de que o líder da indústria consegue calcular de forma mais precisa o investimento em comunicação de marketing.
4.	*Método do máximo possível* – Esse método consiste em definir o orçamento de comunicação a partir do que resta depois que todos os orçamentos são desenvolvidos. O que restar será gasto com comunicação.

Na prática, o orçamento de comunicação das organizações acaba levando em conta todos os métodos apresentados, ou combinações deles. Além disso, a experiência do gestor de marketing também é levada em consideração, assim como informações oferecidas pela agência de propaganda, que tem outras visões a respeito do ambiente de marketing, e pelos canais de comunicação, que estão em contato direto com os consumidores finais.

Seleção de mídias

Os profissionais de marketing devem escolher a melhor composição de mídias para alcançar a audiência-alvo. Segundo Churchill e Peter (2000:479), os critérios que guiam essas escolhas são:

(a)	cobertura ou alcance: número de pessoas ou domicílios expostos, pelo menos uma vez, a determinado veículo de propaganda ou a uma programação da mídia durante certo período;
(b)	índice de audiência: percentual da audiência potencial total exposto a determinado veículo da mídia;

Continua

(c)	frequência: número de vezes que uma pessoa, domicílio ou membro de uma audiência-alvo são expostos a um veículo da mídia, ou a uma programação, pago por um anunciante, dentro de determinado período;  
(d)	custo por mil: custo de se utilizar um veículo da mídia para atingir mil pessoas ou domicílios;
(e)	GRP – *gross rating point* ou pontuação bruta total: a medida das exposições totais à propaganda produzida por um veículo específico da mídia ou por uma combinação de veículos, durante um tempo específico. Para determiná-la, basta multiplicar a cobertura pela frequência.

Assim, o gestor de marketing tem à sua escolha os tipos de mídia a seguir descritos.

1.	Televisão – A TV aberta consegue alcançar um enorme contingente de consumidores ao mesmo tempo, mas não possibilita grande distinção de públicos. Geralmente é utilizada por organizações que atendem a públicos consumidores muito grandes ou têm como objetivo gerir a imagem institucional perante um grande número de públicos diferentes. A televisão fechada, por outro lado, tem um poder discriminatório maior, além de permitir ao anunciante escolher mais precisamente o público-alvo da ação de comunicação de marketing. A TV fechada, no entanto, tem um universo de atuação ainda muito restrito no Brasil, visto que o número de assinantes é de aproximadamente 14 milhões, mais ou menos 7% da população brasileira.
2.	Rádio – O rádio continua tendo uma penetração muito extensa no Brasil e, portanto, está longe da obsolescência. A segmentação da audiência se dá em função das estações e suas respectivas programações, o que facilita consideravelmente o trabalho do gestor de marketing. Além disso, o custo do anúncio é muito menor do que na televisão. É necessário, contudo, desenvolver peças específicas para o rádio, visto que, ao contrário da televisão, a audiência divide sua atenção com outras atividades – trabalho, condução de automóvel etc.  
3.	Mídia impressa – Jornais e revistas têm conteúdo e circulação muito bem-definidos e atendem a segmentos específicos. A decisão do gestor de marketing é mais simples, e também é mais barato anunciar nesses veículos, que podem ser compartilhados e, principalmente as revistas, ter durabilidade mais longa – por exemplo, consultórios médicos e odontológicos costumam ter sempre grande quantidade de revistas de variadas datas para alegria de grande número de pacientes!

Continua

4.	Mala-direta – A mídia mais direcionada é a mala-direta, que permite o direcionamento da propaganda a públicos específicos. Além disso, propagandas em mala-direta podem trazer um conjunto maior de informações ao consumidor, pois não têm grandes limitações de espaço, como nas propagandas impressas em jornais e revistas; entretanto, as malas-diretas também sofrem grande rejeição por parte do público e podem ser profundamente ineficazes.
5.	Placas em ambientes externos – Propagandas expostas em placas – *outdoors*, *banners*, painéis luminosos, *busdoors* – podem ter um poder muito grande sobre o público. É possível escolher a localização dessas placas e expor a mensagem muitas vezes a muitos públicos; contudo há uma crescente resistência a esse tipo de mídia, dado o impacto visual que traz para o espaço urbano.
6.	Internet – O crescimento da rede mundial de computadores tornou-a um espaço muito interessante para atividades de comunicação de marketing. O problema é que o baixo custo e a facilidade de exposição nesse ambiente fizeram com que os esforços de comunicação fossem muito pouco eficientes. Os desafios hoje estão localizados no uso das redes sociais, como mídia para veicular as comunicações das organizações – *mas sem afastar o consumidor*, e no mapeamento de preferências e trajetos do usuário. Programas acompanham a movimentação deste na internet – os sites que visita, as páginas que abre mais frequentemente, os arquivos que baixa ou envia por e-mail etc. –, traçam seu perfil e orientam os resultados de suas buscas sem que ele perceba.

Avaliação do plano de comunicação de marketing

Em grande parte, a importância do planejamento de comunicação de marketing está localizada na possibilidade de avaliar de forma objetiva os resultados das ações de comunicação de marketing.

Em primeiro lugar, os objetivos gerais da organização devem ser levados em consideração. Assim, o primeiro item a ser avaliado é se as ações de comunicação auxiliaram ou fortaleceram seu posicionamento. Em grande medida, esse é o objetivo mais importante, pois tem um impacto direto sobre qualquer outro. Do ponto de vista de estratégia de marketing, se a organização não consegue firmar seu posicionamento, ela pode até aumentar suas vendas em comparação com o período anterior, mas terá problemas no futuro.

> **EXEMPLO**
> Algumas empresas passam por bons momentos de vendas e não consideram a condução de seu próprio posicionamento. Equívocos desse tipo podem comprometer sua imagem, pois, se uma marca de luxo, por exemplo, passa a ser adquirida por consumidores de classes mais baixas, com formas de pagamento alongadas, suas vendas poderão aumentar imediatamente, mas, no futuro, a imagem da marca ficará deslocada da categoria luxo e ela poderá perder valor para consumidores de classes mais altas.

O planejamento da construção da imagem da organização é item fundamental para sua sobrevivência e seu crescimento. O estabelecimento de objetivos de comunicação de marketing não pode deixar de lado características que geram valor para o consumidor. Não apenas as ações de propaganda são importantes para garantir a propagação da imagem desejada pela organização e perpetuá-la, mas também o desenvolvimento de ações do relações-públicas.

Para Ogden (2002), programas de comunicação de marketing devem ser avaliados por três motivos:

a)	garantia da objetividade dos gerentes de marketing – por vezes, muito envolvidos com as ações de comunicação, os gerentes tendem a se afastar dos objetivos de marketing predefinidos. Assim, os mecanismos de avaliação servem como guia para eles;
b)	prevenção de erros – visto que as organizações podem investir grandes quantias em comunicação de marketing, o acompanhamento do desempenho dos funcionários pode prevenir que deslizes aconteçam e deem causa a prejuízos;
c)	aumento da eficiência estratégica – o acompanhamento de resultados pode abastecer uma base de dados que passa a servir como referência para ações futuras da organização. Dessa forma, podem ser avaliados os tipos de ação, seus respectivos resultados ao longo do tempo e como esses resultados estão relacionados a outras variáveis ambientais. O aumento da eficiência gera mais segurança para a organização e para os gestores.

Mesmo que os custos de avaliação de estratégias de comunicação de marketing sejam elevados, e muitas organizações decidam que não vale a pena conduzir essa avaliação, ela é fundamental para o estabelecimento de estratégias consistentes.

Para tanto, é necessário que as formas de avaliação sejam objetivas e ofereçam informações claras e confiáveis, além de acesso rápido. Quando não consegue entender uma informação ou esta demora a chegar até o gerente, o processo de avaliação fica comprometido.

Alguns métodos podem ser utilizados como forma de avaliar a eficácia de uma estratégia de comunicação. Esses métodos devem ser aplicados continuamente para que o gestor de marketing possa verificar o nível de eficácia da estratégia. Uma vez que os objetivos foram determinados de forma quantificável e verificável ao longo do tempo, passa a ser mais fácil acompanhá-los. Segue a relação dos métodos:

- testes de conceito;
- testes de mensagem;
- testes concomitantes;
- pós-testes.

Testes de conceito

Nas fases iniciais de desenvolvimento do plano estratégico de comunicação de marketing, é necessário verificar se os conceitos desenvolvidos pelos gestores são compreendidos por seus públicos da forma correta. Para tanto, podem ser utilizadas algumas técnicas, tais como:

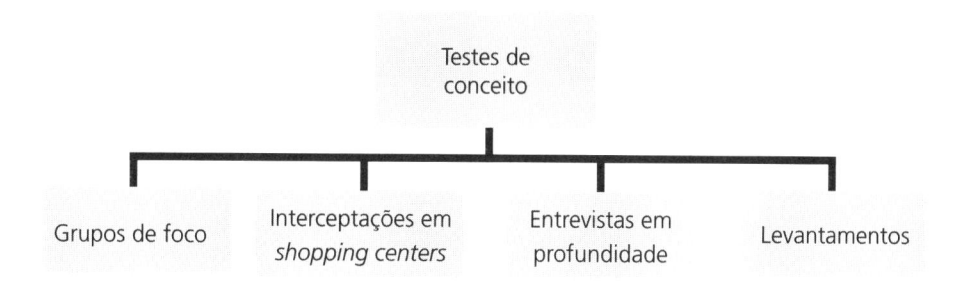

```
                    Testes de
                    conceito
    ┌──────────┬──────────┼──────────┬──────────┐
Grupos de foco  Interceptações em  Entrevistas em   Levantamentos
                shopping centers   profundidade
```

Grupos de foco

Pesquisas realizadas simultaneamente com grupos de consumidores com objetivo de avaliar conceitos e discuti-los. Tendo em vista a possibilidade de discussão crítica, esses grupos também podem servir para identificar problemas que não tenham sido ainda identificados pelos gestores. A presença de um moderador faz com que o processo seja orientado de acordo com os interesses dos pesquisadores, sem deixar que os consumidores abandonem os tópicos de interesse dos gestores.

Interceptações em *shopping centers*

Ao interpelar consumidores em *shopping centers*, os pesquisadores podem ter uma ideia mais consistente a respeito de seus comportamentos de compra. Por vezes, o pesquisador segue o consumidor por algum tempo antes de ter contato direto. Dessa forma, fica mais claro seu comportamento.

Entrevistas em profundidade

Contato muito profundo com consumidores realizado individualmente. A grande vantagem dessa técnica é poder ir realmente a fundo em pontos de interesse do pesquisador. Além disso, quando o consumidor se torna próximo ao entrevistador, acaba por se sentir à vontade para manifestar suas reais convicções. Dada a intensidade do contato e a grande quantidade de tempo necessária para a realização do processo, é difícil realizar um grande número de entrevistas, o que pode trazer alguns problemas de viés se o pesquisador não estiver atento às características de seus entrevistados.

Levantamentos

Com base em questionários de perguntas fechadas, pesquisadores podem recolher grande quantidade de informação a respeito dos consumidores. É necessário saber de antemão o que será medido e as formas corretas de medição – desde que realizados com apuro técnico-estatístico, tais procedimentos podem trazer informações confiáveis aos gestores de marketing. Os levantamentos incluem ainda aplicação de escalas que visam medir as atitudes dos consumidores.

Testes de mensagem

Testes de mensagem têm como objetivo avaliar o impacto da estratégia de comunicação de marketing em preparação. A ideia é apresentar a mensagem para que se obtenha uma avaliação por parte de consumidores a respeito da eficácia de determinadas peças de comunicação. Para a realização desses testes, são utilizados alguns procedimentos, tais como:

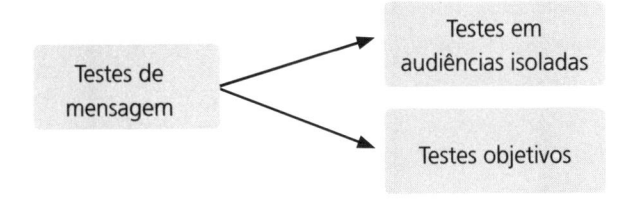

```
                          ┌─ Testes em audiências isoladas
        Testes de mensagem ┤
                          └─ Testes objetivos
```

Testes em audiências isoladas

Podem ser realizados em salas de cinema ou em salas preparadas para tal, desde que possa ser controlado o acesso do público.

Testes objetivos

Usam os seguintes aparelhos: pupilômetros – podem ser utilizados para medir a resposta da audiência com base no monitoramento do diâmetro da pupila; taquitoscópios – podem ser usados para medir a velocidade do olhar; teste galvânico da pele (detector de mentiras) – pode medir a resposta com base na reação da pele; e câmara de registro da direção do olhar.

Testes concomitantes

São realizados no período em que a estratégia de comunicação está sendo posta em ação. Dessa forma, torna-se possível acompanhar o desempenho e realizar eventuais correções de rumo na estratégia. Segundo Ogden (2002), os principais métodos de testes concomitantes são:

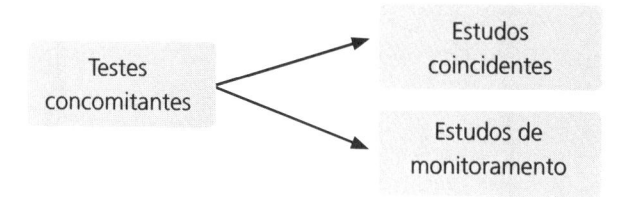

```
                          ┌─ Estudos coincidentes
    Testes concomitantes ─┤
                          └─ Estudos de monitoramento
```

Estudos coincidentes

Medição da quantidade de exposição e das reações aos veículos definidos pela estratégia de comunicação da organização. O método mais comum é o do estudo por telefone. Esse método consiste em telefonemas ao público-alvo durante a transmissão de um anúncio. Dessa forma, o comportamento do consumidor fica mais claro para o pesquisador e para o gestor de marketing, que fica sabendo se a mensagem está ou não atingindo o segmento desejado.

Estudos de monitoramento

São baseados em entrevistas com membros do segmento-alvo durante toda a duração da estratégia de comunicação. Dessa forma, podem ser verificados a quantidade de exposição e o efeito que a ação de comunicação tem sobre o público-alvo – informações a respeito da satisfação do consumidor, níveis de conhecimento do produto, desejos e formas de uso do produto. Para tanto, são utilizados alguns métodos de coleta de dados específicos, tais como: verificação de despensas – visitas à casa do consumidor com registro de suas compras e quantidades estocadas no domicílio; verificação de lixeiras – a partir do que descarta, é traçado o comportamento do consumidor; diários de consumidores – registro de atividades envolvidas na compra e no consumo de produtos por parte do consumidor; dados de *scanner* – registro das compras realizadas em supermercados que utilizam esse equipamento em suas caixas registradoras.

Pós-testes

Após o término das ações de comunicação de marketing, são realizados levantamentos que possibilitam a avaliação do impacto da estratégia sobre os consumidores – pode ser avaliado, por exemplo, se a ação da organização resultou em alguma mudança de comportamento.

Bibliografia

AMERICAN MARKETING ASSOCIATION. AMA *Dictionary*. Chicago, 2008. Disponível em: <www.marketingpower.com>. Acesso em: 18 jan. 2012.

AMSTRONG, Gary; KOTLER, Philip. *Princípios de marketing*. São Paulo: Pearson Prentice Hall, 2008.

BURNETT, John J. A.; MORIARTY, Sandra Ernst. *Introduction to marketing communication*: an integrated approach. [s.l.]: Prentice Hall, 1998.

CHAPPELL, R. T.; READ, W. L. *Comunicação interna na empresa moderna*. Rio de Janeiro: Forum, 1995.

CHURCHILL, JR., Gilbert A.; PETER, J. Paul. *Marketing*: criando valor para o cliente. 2. ed. São Paulo: Saraiva, 2000.

_____. *Marketing*: criando valor para os clientes. 2. ed. São Paulo: Saraiva, 2005.

KATZ, Elihu; LAZARSFELD, Paul F. *Personal influence*: the part played by people in the flow of mass communications. New Jersey: The Free Press, 1955.

KOTLER, Phillip. A generic concept of marketing. *Journal of Marketing*, n. 36, abr. 1972.

_____; ARMSTRONG, G. *Principles of marketing*. 12. ed. Upper Saddle River: Prentice Hall, 2000.

_____; KELLER, Kevin L. *Administração de marketing*. 12. ed. São Paulo: Pearson Prentice Hall, 2006.

OGDEN, James R. *Comunicação integrada de marketing*. São Paulo: Prentice Hall, 2002.

ROCHA, A. da; CHRISTENSEN, C. *Marketing*. São Paulo: Atlas, 1999.

SHIMP, Terence A. *Comunicação integrada de marketing*: propaganda e promoção. Porto Alegre: Bookman, 2009.

SMITH, Paul R.; TAYLOR, Jonathan. *Marketing communications*: an integrated approach. 4. ed. Londres: Kogan Page, 2004.

WELLS, William; BURNETT, John; MORIARTY, Sandra. *Advertising*: principles and practice. Prentice Hall, 2000.

Sobre o autor

João Felipe Rammelt Sauerbronn é doutor em administração pela Ebape/FGV. Possui graduação em ciências econômicas pela UFRJ e mestrado em administração pública pela Fundação Getulio Vargas. É professor adjunto da Unigranrio e pesquisador do Observatório de Marketing, Consumo e Sociedade, onde desenvolve estudos sobre consumo, comunicação, sustentabilidade e interfaces entre os setores público e privado no Brasil. É consultor de empresas e de organizações públicas e é coordenador do MBA de Marketing do FGV Online. Já publicou capítulos de livros e diversos artigos científicos em periódicos e congressos nacionais e internacionais nas áreas de marketing, metodologia de pesquisa, comportamento do consumidor, estudos de consumo, serviços, comunicação e marketing do setor público.

Impresso nas oficinas da
SERMOGRAF - ARTES GRÁFICAS E EDITORA LTDA.
Rua São Sebastião, 199 - Petrópolis - RJ
Tel.: (24)2237-3769